1퍼센트
블로그 마케팅의
법칙

1퍼센트 블로그 마케팅의 법칙

초 판 1쇄 2023년 04월 20일
초 판 2쇄 2023년 06월 27일

지은이 이승윤
펴낸이 류종렬

펴낸곳 미다스북스
본부장 임종익
편집장 이다경
책임진행 김가영, 신은서, 박유진, 윤가희

등록 2001년 3월 21일 제2001-000040호
주소 서울시 마포구 양화로 133 서교타워 711호
전화 02) 322-7802~3
팩스 02) 6007-1845
블로그 http://blog.naver.com/midasbooks
전자주소 midasbooks@hanmail.net
페이스북 https://www.facebook.com/midasbooks425
인스타그램 https://www.instagram/midasbooks

©이승윤, 미다스북스 2023, *Printed in Korea*.

ISBN 979-11-6910-213-1 03320

값 **18,000원**

미다스북스는 다음세대에게 필요한 지혜와 교양을 생각합니다.

99퍼센트 성공을 보장하는 시크릿

1퍼센트 블로그 마케팅의 법칙

이승윤 지음

BLOG

미다스북스

블로그 상위 노출의 로직은 변하지 않는다!

MARKETING

블로그의 로직을
알게 되어 적용만 할 수 있다면
길어야 한 달

'당신은 결과를 만들 수 있다!'

블로그

마케팅이라는 것은 생각보다

어렵지 않다

'당신의 결과를 믿고 시작하라!'

설렘헤어

기대 이상의 것을 느끼고 알고 배웠던 소중한 시간이었네요. 퍼스널브랜딩에 대한 개념부터 블로그 알고리즘까지 하나도 놓칠 수 없는 내용만 한가득! 제일 큰 걱정이였던 마케팅 홍보, 강사님 만난 후 천군만마를 얻은 기분이에요.

경제언니 유혜인

오늘 이승윤 강사님의 강의를 마지막으로 이제 블로그 강의는 더이상 듣지 않겠노라 선언했어요. 자신감 바닥인 저를 이끌어주신 이승윤 강사님께 감사합니다. 이제 수익 올리는 일만 남은거죠? 올 한해가 기대됩니다.

다비드짐

사실 블로그는 전혀 안 해봤기 때문에 어려운 것인 줄만 알았는데 대표님과 함께한다면 가장 쉬운 것이 블로그가 될 수 있겠다는 확신이 생겼습니다. 강의가 끝으로 갈수록 충격의 도가니!!!

색채강사 엘리

강사님 덕분에 블로그를 다시 재밌게 할 수 있게 되었습니다!! 수많은 카더라 때문에 제가 애정하는 블로그인데도 1년에 한 번씩 글을 쓰게 되는 지경에 이르렀었는데요. 번아웃 오신 분들께 이 강의 꼭 들어보시라고 말씀드리고 싶어요.

참앤포인트

어떻게 하면 손님을 더 늘릴 수 있을까? 브랜딩 이름이랑 잘 연결하고 있는가? 대표님을 만나니 와르르 선물처럼 해결책이 나왔습니다. 더 이상 헤매이지 말고 정답이 정해져 있는 지름길로 가자구요!

다색농장

'내 것이 이래서 그렇구나! 아, 이래서 안 됐구나!' 정확하고 분명하게 알려주셔서 쉽게 이해를 할 수 있게 되었어요. 배우면 바로 적용을 하도록 실습까지 시켜주시니 투자 가치가 10,000%라고 생각합니다.

아로마빡샘

와, 지금까지 저는 블로그를 어떻게 배운 거죠? 정보의 홍수 속의 카더라를 통해 블로그라는 매체에 흥미를 잃었었는데 이승윤 강사님과의 미팅 속에서 가장 큰 플랫폼을 놓치고 있었다는 걸 알았습니다.

액튜디오

어떤 블로그 강의가 블로그 시작한 지 일주일도 안 되어 한 포스팅을 3개 키워드로 상위 노출을 시켜줄까요? 정말 최고의 강의입니다. '아, 이분은 찐이구나!' 느낄 수밖에 없었습니다.

세공주맘메종드리치

제가 더블유엠 이승윤 대표님을 알게 된 건 운명이지 않았을까요? 제 인생 최고 정신없는 나날을 보내고는 있지만 대표님을 만나게 되어 제 고민거리가 말끔히 해결되었답니다.

스타일호주

최고가 되려면 최고와 만나야 하는 거죠! 첫만남에 귀인이라는 느낌이 탁 왔어요! 블로그 상위 노출도 이젠 어렵지 않을 것 같아요! 블로그 마케팅 고민하는 분들이라면 일타강사 이승윤 강사님 추천합니다.

캠핑해윰

대표님의 강의가 바로 블로그 강의의 종착역입니다! 대표님을 만나서 컨설팅을 듣자마자 이번에는 확실하게 할 수 있겠다는 욕심이 생겼어요. 여태까지 들었던 강의들이 다 돈 아까울정도였고요.

레르타영

이승윤 강사님과 함께 블로그의 비밀에 대해 낱낱이 파헤치는 시간을 가졌습니다. 들으면 들을수록 '와, 미쳤다!' 했습니다. 막막했던 네이버 로식과 알고리즘을 알게 되어서 속시원했던 강의였어요.

마이너스에서 시작된 마케터 인생

"니가 잘 되어야 할텐데…" 우리 어머니께서 늘 입버릇처럼 하시는 말씀이다. 17살, 조금 어린 나이에 아버지를 여의었고, 우리 집은 가난했다. 자격지심에 절어 성장하던 나에게 아버지의 죽음은 어둠이라는 터닝 포인트를 선물했다.

재능은 1도 없었고 인맥도 전혀 없다. 매일이 방황의 연속이었으며 그럼에도 세월이 흘러 운 좋게 대학을 졸업했다. 전공을 살리지 못했고 전망 좋은 직업을 찾다가 우연히 온라인 마케팅 회사에 취직을 하게 됐다. 온라인 마케팅의 가능성은 확인했지만 역시 나는 재능을 발견하지 못했다. 독립을 일찍 했던 나는 적금을 부을 여력은커녕 마이너스 통장으로 빚이 쌓여갔다.

이에 인생에 현타를 느끼고 28살의 어느 날 나는 컴퓨터 앞에 앉았다. 성공, 명예, 부 모든 걸 얻고 싶었지만 나에게는 기회가 오지 않았다. 물론 그걸 만드는 방법도 몰랐다. 이 현실을 뒤집어줄 터닝포인트가 필요했다.

다른 직업을 찾아보자! 천만다행으로 나는 '촉'은 좋았다. 기회를 놓치지 않는 촉이랄까. 입시/취업 전문 교육 기관에 에이전트로 이직했다. 고용 형태는 위촉직이지만 급여 조건이 좋았다. 다만 개인이 세일즈 마케팅을 통해 수익을 창출해야 하는 구조였다. 영업을 해본 적이 없던 나는 솔직히 두려움이 앞섰다. 하지만, 돌아갈 곳이 없었다.

딱 3개월만 버텨보자! 내 가능성을 테스트해보자. 솔직히 전혀 상상도 할 수 없었다. 온라인 마케팅 회사에서 배워온 블로그 마케팅이라는 기술이 이곳 교육 기관에서 홈런을 터트리게 될 줄은…. 물론 그만큼 고생은 했다. 마케팅 기술로 기반을 만들기 위해 1년 동안 하루 21시간을 일하며 쉬지 않고 달렸다. 잠은 3시간만! 나는 마케팅에 재능이 없던 것이 아니다. 기존 마케팅 회사가 인재 발굴에 실패한 것이지, 나는 파워 블로거가 되었고 블로그, 지식인, 카페 마케팅으로 엄청난 부를 만들었다.

2011년 월 1500만 원 이상 월급을 벌었다. 당시 기준으로 나는 상위 3%에 해당되는 억대 연봉자가 된 것이다. 블로그 마케터로서 나를 새롭게 발견하는 계기가 되었으며, 파워 블로거가 되어 엄청난 재정을 누려 보기도 했다. 잠시나마 부모님께 효도도 하고 빚도 갚고 좋은 시절이었다. 그리고 2015년 내 블로그가 저품질에 당하고 또 한번의 기나긴 광야의 시간이 나를 찾아온다.

1년을 10년처럼

생각해보면 나는 인복이 있다. 없는 인맥은 만들어가면 되지만 인복은 만들 수 있는 것이 아니다. 나의 에너지와 나의 열정이 비슷한 사람들을 끌어당기기도 한다. 내가 처음 온라인 마케팅 회사에 입사했을 때 정말 좋은 멘토를 만났다. 이 회사에서 오래 근속하지 못했고 서로의 사정으로 인연이 오래가지 못했다. 그래서 내가 한번도 표현해 본 적은 없어서 그분은 나를 기억 못 할 수도 있다. 이 책을 쓰다 보니 사석에서 한번쯤 다시 만나 뵙고 싶다. 그리고 감사의 인사를 전하고 싶다.

아무것도 모르는 나에게 기획, 마케팅, 디렉팅 전반에 걸쳐 짧고 굵게 참 많은 것을 코칭 해주신 분이다. 매일같이 마케팅 도서를 읽고 독후감을 써서 팀장인 본인에게 가져오라고 지시하셨고 생전 처음 보는, 본인이 만든 기획안을 보여주고 스터디해서 아이디어를 기획하도록 지시했다. 그리고 힘들어하는 나에게 "승윤 씨, 1년을 10년처럼 보내봐, 끈기를 가져봐."라고 하시며 내 마케터 인생에 가장 큰 메시지를 남기셨다.

나는 지금도 항상 이 메시지를 상기한다. 마인드가 흔들리거나 어려움이 닥칠 때 늘 이 메시지를 기억하며 힘을 낸다. 사람들은 나에게 추진력이 강하다고 한다. 10년의 과업을 1년 안에 마쳐야 해서 할 일이 태산 같은데 당신 같으면 여유가 있겠는가? 나를 끊임없이 움직일 수 있도록 만드는 원동력이다.

여기서 잠깐 내 마음을 전하고 싶은 이들이 떠오른다. 나는 쉬지 않는 성향과 거침없는 추진력 그리고 보기보다 강한 스피치를 구사한다. 이같은 마인드가 때로는 사람들에게 상처를 주기도 한다. 당연히 악의적인 의도는 없었기에 안타까운 일일 것이다. 그럼에도 호불호는 분명 발생한다. 모두에게 나를 좋아해 달라고 할 수는 없다.

다만 서로 오해에서 비롯되었고 나에게는 커다란 시행착오로 남기도 한다. 물론 나는 그 과정을 통해 성장을 한다. 그러나 미처 내 마음을 전달하지 못한 이들에게 이 자리를 빌어 심심한 사과의 뜻을 전하고 싶었다.

1퍼센트의 경쟁력, 그러니까 당신도 하면 된다

나는 블로그 1세대로서 그 수혜를 참 많이 보았다. 덕분에 블로그가 저품질을 당한 후에도 다른 마케팅 채널을 연구하기 보다는 블로그를 더욱 많이 연구했다. 내가 광고 대행사 출신이지만 유명하다는 블로그 강사의 수업들도 몇 개 들으러 다녀보고, 책도 보고, 할 수 있는 방법을 다 써봤다.

한때는 내가 집착으로 인하여 너무 고집을 부리는 것 같다며 스스로 마음을 접을 생각도 했다. 그러나 그럴 때마다 계속 내 주변 환경은 나에게 블로그를 고민하게 조성되었다. 내 주변 사람들은 늘 나에게 "얼굴이 너무 어둡다. 좀 웃으면 좋겠다."라는 말을 했다. 나는 웃을 수가 없었다. 블로그 강의나 책들에서 답을 찾지 못했기 때문이다.

과거의 영광도 회복하고 싶었지만, 블로그 마케팅에 확신이 있었기 때문에 쉽게 포기가 안되었다. 가장 중요한 건 팩트를 알 수 있는 방법이 없었다는 것이다.

그러던 어느 날 지인의 조언을 통해 네이버와 블로그를 분석하기 시작했다. 그리고 우연히 네이버의 알고리즘과 정책 등 네이버가 말하는 로직이 뭔지 알게 되었다. 정말 복잡하고 어려운 구조였다. 그러나 구두로 전파되는 말이 아닌 '네이버가 말하는 건데 사기는 치지 않겠지' 생각하며 그걸 그대로 내 블로그에 적용시켜봤다.

놀라운 일이 벌어졌다. 내가 지금까지 공부했던 블로그 로직의 99%가 무너져 내리는 순간이었다. 참고로, 나의 강의를 들은 이들도 모두 같은 이야기를 한다.

'유레카~!!' 정답을 발견한 것이다. 로직의 공식이란 너무 어려워서 전부를 해석하지는 못했다. 그러나 그 일부의 공식을 통해 나는 블로그의 정체성을 확인하게 되고 '상위 노출'이라는 미션에서 자유롭게 된 것이다. 이것은 지금은 나의 경쟁력이고 노하우가 되어 수강생들에게 공급하고 있다. 블로그의 로직을 알게 되어 적용만 할 수 있다면 길어야 한 달, '당신은 결과를 만들 수 있다.' 물론 사람마다 편차는 발생한다.

블로그 마케팅이라는 것은 생각보다 이렵지 않다. 성향에 맞지 않는 것은 어쩔 수 없지만 글쓰기가 힘들다는 말은 습관의 문제라고 생각한다. 스스로를 부지런하게 단련시켜보자. 이 책을 통해 그리고 나와의 인연을 통해 당신의 비즈니스는 방향을 잡을 수 있고 한국에서 가장 브랜드 마케팅에 유리한 네이버라는 플랫폼의 키를 내가 쥐고 있어서 당신에게 공급하고 멘토링을 해 줄 수 있다. 그 누구라도 말이다.

그러니까 결과를 만들 수 있다고 믿고, 블로그를 시작해보자.

목차

제2법칙
매출 성장의 KEY, 말하듯이 써라

제3법칙

하루 1시간만 일해도 돈 들어오는 팬덤 시스템을 구축하라

제4법칙

블로그 상위 노출, 네이버를 잡아라

제5법칙
근거 없는 카더라 통신, 고정 관념을 버려라

제6법칙
시크릿 블로그 알고리즘, 의심하지 마라

BLOG MARKETING

광고하지 말고,
고객의
마음을 훔쳐라

1)

경쟁사의 마케팅을 벤치마킹하라

그들은 왜 성공하고 왜 실패했는가?

지금 우리가 살아가는 세상에는 '창조'라는 단어가 허락되는 아이템이나 콘텐츠는 존재하기 어렵다. 인터넷이나 대중 매체라는 문명이 미개했던 과거에는 모방할 수 있는 방법 또는 콘텐츠가 부족했다. 그러나 지금 우리는 정보의 홍수 시대에서 살고 있다. 또 우리의 무의식 속에는 이미 많은 콘텐츠들의 정보가 기억되어 있다. '빈 그릇에서 창조' 되는 아이템이란 있을 수 없다는 뜻이다.

'지피지기면 백전백승' 적을 알고 나를 알면 백 번 싸워도 백 번 승리한다는 의미다. 이것이 경쟁사를 벤치마킹을 해야 하는 이유다. 마케팅 활동을 안 하는 기업은 없다. 그리고 당신은 아직 대기업 또는 국민 브랜드가 아니다. 우리가 마케팅을 하는 이유는 간단하다. 기업의 인지도와 이미지 그리고 성장을 위해 반드시 필요하기 때문이다.

한국 및 외국계 기업들의 히스토리를 담은 책이나 인터넷을 찾아보자. 생각보다 정보는 정말 많다. 그들이 실행했던 마케팅 전략을 공부하고 실패 사례와 성공 사례를 파악하자. 실패를 했다면 그 원인은? 성공을 했다면 어떤 전략이 좋았는지 분석할 수 있어야 된다. 분석의 요소로는 마케팅 타겟을 어떤 기준으로 겨냥했는지가 가장 우선시 된다. 가령 성별/연령/지역/직업/소득 수준 등 이것만 가지고도 마케팅 전략은 매우 달라질 수 있다.

10대를 겨냥한 이벤트 마케팅을 한다고 해보자. 10대들에게는 어떤 특징이 있을까 생각해보자. 우선 부모님에게 용돈을 받아 써야 하는 입장이고, 학업 스트레스가 심할 것이고, 연애를 처음 시작하는 커플도 있을 것이다. 스트레스를 풀어 주는 재미 요소나 커플을 위한 가성비 있는 이벤트 기획이 과제가 될 것이다. 카피 한마디 쓰는 데에도 생각의 전환이 필요하다. 10대들에는 신조어가 존재한다.

당신이 학부모라 해도 들어보지 못했을 법한 메시지가 있다. '개펀리펀

: 진짜 재미있는데 다시 봐도 또 재미있어', '스라밸 : 스터디와 라이프의 밸런스', '무물보 : 무엇이든 물어보세요' 등이 있다. 처음 보는 언어라면 당신은 공부를 많이 해야겠다. 앞에 제시한 신조어들은 극히 일부에 속한다. 당신이 10대의 생각을 이해하려 하지 않는다면 그들의 마음에 감동을 전달하는 이벤트가 가능하겠는가.

스타벅스의 기업 경영 및 마케팅 사례는 그 주제도 다양하게 출간된 책이 많다. 과거 '스타벅스는 노트북 사용이 가능하고, 소그룹 모임에 좋은 여유의 공간이 콘셉트다'라고 이해했다. 실제로 나는 강의나 비즈니스 미팅을 위해 스타벅스를 한 달에도 수십 번 다니는 편이다. 그런데 노트북 코드가 일부 있거나 없는 매장이 적잖다. 그렇다면 앞의 콘셉트에서 노트북의 활용은 빠졌다고 볼 수 있다. 물론 요즘은 노트북을 사용할 수 없는 카페는 없을 것이다. 결국 스타벅스만의 차별화라고는 볼 수 없다.

스타벅스는 실제로 체험 마케팅을 성공한 대표적인 사례로 더 유명하다. 당신은 이것을 알고 있었는가? '체험 마케팅'은 감각, 감정, 인지, 행동, 관계 등의 5가지 요소를 소비자들에게 최고의 경험을 하게 해줘야 브랜드에 대한 이미지를 높일 수 있다는 개념인 것이다. '이국적 분위기, 친절한 서비스, 재즈 음악 등 독특한 체험을 제공한다' 스타벅스의 슬로건이다. 두 번째는 부동산과 관련이 깊다. 스타벅스는 전세계에서 가장 실력 있는 권리분석팀이 있다는 말이 있다. 이 말이 무엇을 의미하는가?

인구 수요가 가장 많은 지역에 입점을 한다는 것을 의미하며, 인구 수요의 볼륨은 부동산 가격과 비례하게 된다. 스타벅스의 건물은 바로 그런 지역의 부지에 설립하는 것이 원칙이다.

마케팅 성공하려면 경쟁사 분석이 첫 번째 할 일이다

기반을 다진 경쟁사는 자신만의 색깔을 확실하게 갖추고 있다. 그리고 변화에 민감하게 반응하고 빠르게 적응한다. 특히 온라인 문화가 발달한 지금의 시대는 더욱 빠른 변화에 맞추어 가야 한다. 지금 우리는 블로그 마케팅을 하려고 한다.

많은 분들이 '블로그 마케팅은 상위 노출만 잘되면 된다'라고 이해를 하고 계신다. 기획이나 전략은 부수적이며 후킹성만 좋으면 좋다는 입장이다. 하지만 사실은 그렇지 않다. 많은 사람들이 블로그를 잘못 이해하고 활용을 제대로 못하고 있다.

이 책에서 여러 번 거론을 하겠지만 블로그는 스토리 콘텐츠를 만드는 마케팅이다. 광고는 거부감이 먼저 들지만 콘텐츠는 글로써 공감대 형성이 가능하다. 대부분의 블로그들은 상업성을 띄고 있기에 브랜딩이 어렵다. 그렇다면 반대로 브랜딩에 성공한 기업은 콘텐츠의 성격이 다를 것이다. 그들에게는 반드시 전략이나 스토리가 존재한다. 즉 경쟁사 분석을 위한 벤치마킹이 첫 번째 순서로 이행되어야 한다.

2020년에 방영된 JTBC 드라마 〈이태원클라쓰〉를 본적 없다면 반드시 볼 것을 추천한다. 요식 업계 정점 기업의 갑질 만행에 정면 도전하는 청년 주인공의 성공 스토리를 담은 드라마다. 스포를 가볍게 해보겠다. 드라마의 주요 스토리는 장가라는 기업의 회장과 청년이 한때의 악연으로 인하여 서로를 굴복시키기 위한 투쟁을 그렸다. 청년의 목표는 장가를 겨냥하여 더 큰 브랜드를 세우는 것이다. 다행히 그는 요리에 재능이 있었다.

그리고 그의 꿈을 향한 첫걸음은 장가 회장을 분석하는 것이었다. 청년은 장가 회장을 극도로 원망하지만 그의 자서전을 정독했고, 심지어 암기해 버린다. 중졸 청년에게 내세울 것이라곤 끈기, 의지, 열정 밖에 없다. 청년은 장가 회장을 두고 업계 선배로서는 존경할 만한 위인이라고 칭하기도 한다. 이처럼 벤치마킹과 경쟁 기업 분석은 전략적인 로드맵을 설계하는 데 큰 도움을 준다.

지금, 당신에게는 무엇이 있는가?! 만약 단지 먹고 살기 위한 비즈니스라면 근로자들과 다를 것이 없다. 또한 당신의 비즈니스는 큰 성장을 도모하기 힘들 것이다. 자 이렇게 하자! 당신이 1인 기업인으로서 마케팅을 성공하려면 정점에 있는 경쟁사를 분석하는 것이 첫 번째이며, 브랜드 스토리를 만드는 것이 두 번째 순서이다. 그 과정과 결과를 만드는 데에는 블로그 마케팅의 영향력이 절대적이 될 것이다.

2)

전략을 고민하고 브랜드를 기획하라

'할 것이 없었다'와 '꿈을 품는 것'의 차이

나에게 상담을 주시는 분들께 반드시 하는 질문이 있다. 당신에게도 질문을 해보겠다. 사업 아이템은 셀 수 없이 많지만, 세상에 없는 아이템은 존재하기 어렵다. 또 틈새시장이면 좀 더 신선하겠지만 대체로 누구나 하고 있는 사업이다. 여기서 질문하고 싶은 것은 당신은 굳이 왜 지금의 아이템을 선택했는가? 많은 분들이 이 질문에 대부분은 막연해 한다. 생각을 별로 안 해보았다는 증거다. '이거밖에 할 것이 없었다' 또는 '돈이 벌고 싶어서' 대부분은 이와 같은 대답을 한다. 그러나 말은 이렇게 해도 결국 저마다의 비전이나 꿈은 있다.

　당신은 200~300만 원 월급을 소소하게 벌고 만족하고 싶은 근로자가 아닐 것이다. 지금의 브랜드는 작게 시작하고 있지만 장차 국민 브랜드로 성장시키는 것이 목표일 것이다. 그러려면 반드시 꿈을 품고 전략을 고민해야 한다. 물론 당신이 마케터가 아니기에 브랜드를 기획하는 일은 어려운 문제다. 그러나 자본력이나 경험만으로 비즈니스를 시작하는 시대는 지났다. 지금은 인터넷과 스마트폰이 발달함으로 정보와 전략이 없으면 비즈니스가 불가능한 시대에 살고 있음을 인정해야 한다.

　책이나 온라인 강의를 통해서 기반 지식을 쌓고, 이론보다 실무를 학습해야 한다. 대기업은 인력이 많고 부서가 구분되어 각자의 역할이 분담되어 있다. 그러나 1인 기업은 당신 혼자 다 해야 한다. 결국 오너도 마케팅 공부가 불가피한 시대가 되어버린 것이다. 주변의 1인 기업인들을 보라. 다들 회사 경영과 마케팅 공부를 병행하고 있다. 쉽지는 않겠지만 노력해야 한다. 안타까운 것은 실무 강의보다 이론 중심의 강의가 너무 많아서, 실제 도움이 되는 옥석을 가리기가 쉽지 않다. 특히, 온라인 강의를 보면 대다수 이론 수업이다. 그래서 진짜 실무 강의인지를 잘 구분하여 참여해야 한다.

　나는 약 15년 차의 광고 대행 경력이 있으며 블로그 마케팅만 10년 넘게 했다. 당연히 강의 경험도 많다. 그런 나에게도 풋내기 시절이 있었지만 운 좋게 네이버를 올바로 이해할 기회가 있었다. 그것이 지금은 나의 강한 경쟁력이 되었다. 마케팅 강의를 위해 '더블유엠 아카데미'라는 공식 브랜드 론칭을 하고 사업자를 낸 것은 오래되지 않았다. 대한민국에 블로그 강사는 많지만 정말 실력 있는 강사는 극소수에 속한다. 그럼에도 불구하고 브랜드 파워를 잘 만들어서 난센스 한 내용을 공급하는 강의들이 정말 많다.

당연히 고민을 해야 했다. 누구나가 공급하는 뻔한 블로그 강의를 할 것인가, 아니면 나만의 경쟁력을 토대로 브랜딩을 만들어 낼 것인가. 진자는 빅 브랜드에 기생을 하면 어떻게든 살아남는다. 울타리 아래서 먹고 하는 문제는 쉽게 해결된다. 그러나 개인의 이름을 알리는 퍼스널 브랜딩이라는 작업은 쉽지 않다. 내 힘으로 만든 브랜드가 아니기 때문이다. 마치 S맨이 브랜드를 잃으면 아무것도 아닌 것처럼 말이다.

후자는 시작이 몹시 고단할 것이다. 지금의 나의 수익도 생각만큼 대단하지는 않다. 그러나 매일 가슴이 뛰는 하루하루를 보내고 있다. 전망 좋은 미래를 꿈꿀 수 있고 큰 비전을 가슴에 품고 있기 때문이다. 마케팅 강사의 홍수 시대에서 내가 살아남으려면, 나의 실력을 빠르게 인정받으려면 어떤 전략을 세워야 할까? 우선 나를 어떤 방법으로 홍보할 것이며, 강의 및 브랜드 콘셉트는 어떻게 세울지가 매우 중요하다. 차별화되어야 하고 경쟁력이 있으며 대체 가능성이 없어야 한다.

차별화된 나만의 퍼스널 브랜딩의 시작

블로그를 비롯한 네이버 마케팅이 가장 탄력을 받았던 시기가 있었다. 당시는 한국에 SNS나 유튜브가 없었다. 난 인하우스에서 나만의 브랜딩을 혼자 성공시켰고 엄청난 돈을 벌기도 했다. 내가 성공할 수 있었던 원동력은 바로 블로그 마케팅이었다. 나는 다소 체계적이고 철저하며 추진력이 강한 편이다. 이런 내 성격을 싫어하는 분들도 있을 수 있다. 어쨌든 난 고민을 반복했고 나만의 콘셉트를 만드는 데 성공했다.

블로그를 잘 운영하려면 네이버의 정책을 이해해야 한다. 블로그는 처음부터 브랜딩 채널이라는 기획 의도로 개발되었으며, 스토리텔링 기법을 활용한 글을 기록하는 공간이다. 더불어 상위검색반영(SEO) 알고리즘을 통해 블로그 마케팅이 완성된다. 이 책의 내용은 당신이 알아왔던 블로그의 상식을 상당 부분 무너뜨릴 것이다. 아직 배움의 길이 멀거나 많이 남아 있다고 생각하면 된다.

누구나가 하는 방식으로 강의를 했다면 나는 지금 책을 낼 수도, 나의 수강생들의 사례를 담지도 못했을 것이다. 결과를 낼 수 없는 마케팅 전략은 의미가 없다. 블로그 하나만 가지고도 실전 마케팅의 힘을 발휘할 수 있다. '실전'이라는 건 곧 기업의 성장과 매출과 직결된다. 강의를 통해 '상위 노출'이라는 결과물을 만들기까지 1주일이 걸리지 않는다. 블로그 지수가 너무 나빠서 '이용 제한'이라는 컨디션이 아니라면 말이다. 결과물을 만드는 데 어떤 '제한 요소'도 없다. 나는 '블로그 컨설팅'이라는 독보적인 코칭 로드맵을 만들었다. 여느 블로그 강의에서 찾아볼 수 없으며 대체 불가한 나만의 콘셉트다.

자 그럼, 당신의 사업 콘셉트와 경쟁력은 무엇인가. 평범해도 좋지만 포인트는 필요하다. 지금 당장 고민해봐라. 시간을 끌어 유리할 것이 뭐가 있겠는가! 조금만 고민하는 자세를 갖출 수 있다면 의외로 답은 금방 도출될 수 있다. 나에게 블로그나 인스타그램 계정으로 컨설팅 문의를 하셔도 된다. 1인 기업인에게 차별화를 위한 스토리 기획은 필수다. 당신의 경쟁력은 무엇인가? 업종을 창조할 수는 없다. 그러나 아이템이나 기술은 노하우를 갖출 수 있다. 굳이 당신을 고객들이 찾아야 할 이유를 만들자. 대체될 수 없는 콘셉트가 있다면 가장 좋다.

3)

나만 사랑하는 콘텐츠는 과감히 버려라

도대체 무슨 자신감인가?

시장성이 없는 제품이 가끔 판단 미스로 개발되고 유통이 되는 경우가 있다. 당연히 결과는 참담하다. 고스란히 투자자가 떠안아야 한다. 한때 취업을 위해 토익 공부하던 시절이 잠깐 떠오른다. 영**라는 온/오프라인 영어 교육 콘텐츠로 현재 국내 정상급에 강사로 활동 중인 김** 강사는 실패했던 비즈니스가 있었다. 내가 그분의 토익 강의 시간에 들었던 흑역사라고 해두자. 야심 차게 A 제품을 대량 생산했지만 판매가 안 되어 쌓여있던 재고품으로 골치가 아팠고 결국 모두 처분했지만, 그 사업은 접었다. 그래도 현명한 사람이었으니 가능한 일이었다.

광고 대행사에서 일하던 시절에 뵈었던 모 회사 대표님이 떠오른다. 다양한 비즈니스를 그리고 있던 당사의 모태는 건설업이다. 이 사업은 꽤 잘나가고 있는 것으로 사내에 잘 알려져 있었다. 모 회사 대표님은 여기서 또 하나의 비즈니스를 계획하셨는데 바로 캐릭터 산업이었다. 안타깝게도 다년간 캐릭터 사업에 손을 대고 있었지만 사실상 비전이 없었다. 난 장기적인 시간이 필요한 비즈니스를 선호하지 않는다. 이유는 두 가지다. 정체성이 흔들리거나 방향이 갈피를 못 잡기 때문이다. 그럼 파트너나 직원들이 수시로 바뀌게 된다. 한마디로 건강한 기업으로 성장이 어렵다는 말이다.

어쨌든 캐릭터 사업의 부흥을 위해 영상 콘텐츠 제작을 요청하셨다. 최종 계약으로 연결되지는 않았지만 제안서를 준비하고 본 산업을 분석해보니 사업성이 낮았다. 계약으로 연결되지 않은 건 오히려 잘된 일이다 싶었다. 왜냐면 우선 캐릭터의 정체성이 없었다. 그리고 두 번째 스토리가 없다. 회사의 모태 사업이 아무리 탄탄해도 신규 사업 아이템의 기획이 부실하면 그 프로젝트는 성공할 수 없다.

국민 브랜드 삼성에서는 전자제품과 핸드폰을 주로 개발한다. 현대 그룹은 자동차와 건설업을 주로 한다. 그런데 만약 현대에서 스마트폰을 개발한다고 생각해보자. 브랜드는 위상이 높으나 제품의 완성도에 신뢰할 수 있을까? 당연히 구매율이 현저히 낮을 것이고 해당 프로젝트는 실패로 돌아갈 것이다. 삼성에서 만든 갤럭시 제품도 다양한 이슈로 인하여 가끔 고객 클레임이 발생한다. 그런데 경험이 없는 현대에서 만든 스마트폰이 통할 리 없다.

앞의 캐릭터 사업은 당사에서 약 10년을 끌어온 것이다. 그런데 여전히 내부 직원들에 확신이 없고 기획에는 진전이 없다. 그런 상황이라면 나는 냉정하게 말하고 싶다. 애정을 그만 접고 프로젝트를 내려놓으라고 말이다. 언제까지나 회사와 스스로에게 희망 고문을 할 수는 없는 노릇이다. 당신이 혹시 그런 오너라면, 진심으로 당신에게 충고를 하고 싶다. 당신이 아이템을 개발하는 우선순위는 무엇을 기준으로 하고 있는가? 소비자들의 니즈와 만족도를 고려한 프로젝트라면 좋다. 그러나 만약 그들이 만족할 거라는 당신만의 주관에서 파생된 비즈니스라면 당장 그만둬라. 비즈니스는 남의 지갑이 열려야 당신이 돈을 벌 수 있다.

내가 좋다고 생각하는 아이템이 아니라 소비자의 니즈에 맞는 아이템 선정이 중요하다는 말이다. 너무 복잡한가? 사업이란 원래 그런 것이다. 사업은 절대 쉬운 게 아니다. 재벌 2세가 사업 기획 한번 세워보고 계열사 일부를 받아서 운영해보는 일은 드라마에서나 가능한 이야기다. 실제로 그런 일이 생긴다면 언론에서 가만히 있지 않는다. 모두가 인정할 수 있는 콘텐츠는 얼마든지 있다.

남녀의 연애에도 이런 말이 있다. "사랑과 집착을 착각하지 말라." 진정한 사랑은 상대방이 잘되면 좋겠고 아프면 내 마음도 아프다. 짝사랑을 하는 관계라면 한쪽이 시간을 두고 기다려주기도 한다. 그렇다고 이성에게 해를 끼치지는 않는다. 그러나 집착은 다르다. 상대방의 말이나 행동을 내 식대로 이해하고 해석한다. 그리고 상대방의 아픔을 상황에 맞게 합리화하며 자신에게 유리한 쪽으로 리딩한다. 좋은 결과가 있을 리 없다. 비즈니스도 마찬가지다. 열정과 홀릭을 헷갈리는 사람들이 많다. 홀릭은 '무언가에 지나치게 빠져있는 상태'를 말한다. 스스로의 세계에 갇혀서 어떤 것도 들리지 않는다. 비단 비즈니스가 아니라도 누구나 이런 경험은 있다. 나 역시 평생에 그런 경험이 몇 번 있었다. 열정을 다하는 것은 좋으나 혹 타인에게 피해나 영향력을 전달하게 된다면 본인에게 문제가 있는 것이다.

당신이 좋아하는 것 말고, 소비자의 니즈를 고민하라

또 다른 이야기를 해보겠다. 가까이 알고 지내는 동생들 중에 종종 나에게 자신의 발명품을 보여주는 친구가 있다. 비즈니스 쪽으로 항상 생각이 열려 있고 아이디어도 좋은 편이다. 동생은 어느 날은 사과 껍데기를 깎아 주는 기계의 시연 영상을 보여주었다. 본인이 앞으로 개발할 제품이라며 사업성이 있는지 질문을 했다. 나도 마침 시간 여유가 되어서 영상을 집중해서 봤다. 우선 결과물은 참 정갈하고 예쁘다. 당연히 동생은 뿌듯해 했고 "형님 이거 어때요? 획기적인 제품이 될 거 같은데…"라고 말했다. 우선 편의성은 괜찮아 보였지만, 한 개의 과일만 다듬을 수 있는 제약이 있었다. 솔직히 디자인도 별로였지만 이건 제조 과정에서 선정하기 나름이다. 문제는 과일 깎는 기계를 누가 구매하려 할까 의구심이 들었다.

사과 한 개를 손질하는 데 걸리는 시간은 고작해야 2분 남짓이다. 그냥 껍데기 채로 씹어먹는 사람도 있다. 2분을 아끼자고 가정주부가 이 제품을 돈 주고 구매하지는 않을 것이다. 물론 귀차니즘에 띠는 사람들도 있겠지만 그렇게 보아도 수요는 매우 제한적이다. 그렇다면 대체 타겟이 누구일까, 원룸에서 자취를 하는 직장인 청, 장년 남성을 고려한 것일까? '남자는 과일을 즐겨 먹지 않을 거야, 어떤 남자가 혼자 과일을 깎아 먹겠어'라는 고정 관념은 버려라. 게다가 의외로 요즘은 싱글족이나 혼자 사는 사람들은 오히려 요리를 잘한다. 마케팅은 모든 경우의 수를 다 체크해야 되는 것이다.

그럼 일단 개인의 수요는 그렇다 치고 기업을 타겟으로 생각을 바꿔보자. 과일 손질이 필요한 곳은 대체로 식당이나 술집일 것이다. 아까도 말했지만 이건 과일 하나를 깎는 기계다. 식당에서 손님 받을 준비를 하며 다양한 식재료를 다듬고 있는 타임이라고 해보자. 식당 일을 해본 사업자들은 모두 알 것이다. 의외로 식재료를 다듬는 시간도 눈코 뜰 새 없이 엄청 분주하다. 그런데 부엌 한 켠에 과일을 다듬어 주는 기계가 있는데, 2분간 회전을 하고 있다. 대량 생산도 아니고 고작 사과 또는 배 한 개를 깎으며 말이다. 그 꼴을 가만히 보고 있을 식당 사장은 대한민국에 없을 것이다. 그럼 기업의 수요는 0이 된다는 말이다.

사람들이 원할 것 같은 아이템이 아니라, 진짜로 필요로 하는 아이템을 만들어라. 주객이 바뀌게 되면 결국 당신만 사랑하는 아이템으로 전락할 수 있다. 그럼 사람들이 원하는 아이템을 어떻게 이해하고 찾아 낼 수 있을까? 소비자의 직업, 취미, 성별, 사회적 트렌드들이 바로 힌트가 될 수 있다. 그리고 사업의 장단점과 소비자에게 어떻게 전달할지 고민하고 기획을 신중하게 해야 한다. 그럼에도 본인의 선택이 맞다면 열정과 최선을 다하면 된다. 최근에 만난 지인이 했던 말이 기억난다. 사업은 일에 미쳐야 할 수 있다고 말이다. 사람이 가장 무서울 때는 어떤 일에 미쳐 있을 때라는 말이 있다. 그리고 소비자들의 니즈를 만족시킬 때 비로소 최고의 아이템이 된다.

4)

시장성을 파악해야 매출과 연결된다

온라인 마케팅과 상권 분석의 상호 관계

최근 오랜 지인에게 연락이 왔다. 과거 블로그 수강생이었고 지금은 서로 누나 동생하며 관계쉽을 유지하고 있다.

오랜만이라 너무 반가웠고 근황을 들어보니 새로운 사업 론칭을 준비하고 있다고 했다. 본래 금융 관련 비즈니스를 했었는데, 블로그 컨설팅으로 꽤 많은 자산을 만든 것이 새 사업 론칭의 발판이 되었다고 한다.

아이템은 와인 바, 현재 상권 분석 중이며 장기적인 마케팅 전략이 필요해서 나에게 연락을 준 것이다.

자, 여기서 우리는 중요한 단어를 하나 눈여겨 볼 수 있다. 나는 강사이면서 비즈니스를 하는 사람이다. 마케팅 이야기 말고도 소통할 거리가 많다는 말이다. 모든 일에는 순서라는 게 있다. 상권 분석은 특정 지역에 오피스, 샵, 마트와 같은 공간을 두겠다면 1순위로 체크해 보아야 하는 요소다. 유동인구 및 상주인구의 수요가 얼마나 되는지 파악하는 게 첫 번째다. 그리고 두 번째는 교통수단이나 지리적 위치도 중요하다. 유입 인구가 얼마나 쉽게 근접할 수 있느냐를 파악하는 것이다. 마지막으로 사전에 자리매김하고 있는 경쟁 업체 및 유사 업체가 얼마나 있는지 반드시 체크해야 한다. 기본 중에 기본이다.

1퍼센트 블로그 마케팅의 법칙

만약 건물을 임대 받았는데, 3가지 모두가 악조건이라면 당신의 비즈니스는 성장을 기대하기 어렵다. 대기업 브랜드라서 대대적인 마케팅 지원이 된다면 또 모르겠지만 당신은 1인 기업이다. 와인 바는 업종 특성상 오후 시간부터 밤 장사가 될 가능성이 매우 높다. 그렇다면 커플이나 직장인 등의 인구 수요는 무조건 보장이 되어야 한다. 그리고 도시, 일자리, 교통권 3박자가 가장 잘 갖춰진 위치라야 성공 가능성을 고려해볼 수 있다. 그렇지 않으면 고객층 확보에 어려움을 겪게 될 것이다. 당연한 소리를 떠들고 있는 것 같겠지만, 의외로 이 부분을 간과하거나 생각지도 못한 1인 기업이 상당히 많다.

지인은 와인 바의 상권 분석 전문 업체에 맡겼는데, 예상하는 위치가 강남, 서초, 압구정 방면이라고 말했다. 이 지역이 의미하는 것은 대한민국에서 인구 수요가 가장 많은 핫플레이스라는 점이다. 당연히 그만큼 임대료는 높게 측정된다. 그러나 임대료는 마케팅 전략만 잘 세우면 크게 걱정할 필요가 없다. 즉 상권 분석과 마케팅은 상호 관계다.

마케팅을 아무리 잘해도 상권 분석에 실패하면 그만큼 어려워진다. 콘텐츠 기획에 불필요한 리소스가 발생하기 때문이다. 마케팅을 못하면 충분한 경쟁력을 갖추고도 매출 부진으로 연결된다. 결과적으로 지금의 경우는 올바른 진행이 이뤄지고 있는 상황인 것이다. 사실 이 이야기를 듣고 지인과 파트너십을 통해 무언가 함께 해보고 싶은 욕심이 들기도 했다.

시장성이란, 매일 꾸준히 항상 팔리는 것

시장성이란 이런 것이다. 언제든 누구에게나 수용되어야 한다. 시장성의 의미가 아직 와 닿지 않는다면 아주 쉬운 예를 들어보겠다. 버스, 전철, 기차와 같은 대중교통 그리고 라면, 쌀, 치킨, 커피와 같은 국민 식음료가 여기에 해당한다. 당신이 외출을 하는 순간 일상 속에서 아주 흔하고 쉽게 이용하고 있다. 그것도 매일 말이다.

광고 대행사 시절에 진행했던 다이어트 제품이 하나 생각난다. 참고로 나는 바디 핏이 날씬하다. 근력 강화와 근육을 키우기 위해 헬스는 해보았어도 다이어트는 해본 일이 없다. 덕분에 유명 연예인 하정우와 이보영이 전속 모델인 다이어트 제품 'K'에 대한 인지도가 별로 없었다. 그런 나에게 SNS로 가망 고객 수집 DB를 확보하기 위한 광고 의뢰가 들어왔다. 나는 종합 광고 대행사 출신이다. 종합 광고를 하려면 유튜브, 인스타그램, 페이스북, 블로그 등 온라인 마케팅 전체에 이해도가 높아야 한다. 프로젝트 단위로 모든 채널을 이용해서 콘텐츠 기획, 실행, 운영이 가능해야 된다는 말이다.

[페이스북&인스타그램 CPC 광고 현황]

    본 광고 대행의 주요 전략은 SNS 마케팅에서 유료 광고(타게팅 광고)였다. CPC 단가를 최소한으로, 최대 수량의 DB를 확보하는 게 '광고 회사의 미션'이라는 뜻이다. 참고로 SNS 유료 광고를 할 때 CPC 300원을 넘기면 안된다. 오버 예산이 발생할 경우 기획(콘텐츠)이나 타겟 설정에 문제가 있다고 판단한다. 이것은 마케터로서 나의 기준이다. 네이버 검색 광고를 기준으로 한다면 저렴한 입찰 금액이라고 볼 수 있지만 SNS는 다르다. 만약 CPC 300원~50원 범위의 과금이 발생했다면 최고의 효율을 맞이하고 있다고 생각하면 된다. 'K사'의 경우 CPC가 150원~200원이었다. 실제로 CPC 50까지 광고를 운영해본 경험이 있다. 네이버 블로그라는 툴 활용에 제한된 사람이라고 생각하면 큰 오산이다.

    마침 전국민의 과반수가 관심 있어 할 다이어트 제품이었고, 유명 연예인이 홍보 모델이었다. 제품에 결함이 없는 이상 브랜드 이미지가 나쁠 이유도 없었다. 하루 30개씩 DB는 확보되었고 약 6개월간 홍보가 진행되었다. 생각보다 그렇게 어렵지 않은 프로젝트였지만, 여기서 우리가 체크해야 할 포인트는 수요자들이 언제든 구매할 만한 제품을 판매해야 한다는 것이다. 이것이 시장성이다.

돈 되는 것만 찾아서 장사를 할 수는 없다. '신생 브랜드는 인지도 없으니, 낮은 시장성은 불가피하다'라는 주장을 하는 이가 있다면, 이렇게 반문을 해보겠다. '브랜드 마케팅을 제대로 해보기나 하고 말하라'고 말이다. 당신은 대기업 피알 광고를 매스컴을 통해 쉽게 접하고 있을 것이다. 그러나 중소기업의 광고로는 썩 괜찮은 콘텐츠를 본 기억이 별로 없을 것이다. 근본적인 원인이 무얼까? 자금력 차이도 있을 수 있겠지만 중요한 것은 고정 관념의 문제다.

세상이 원하는 제품을 유통한다면 객 단가는 상관없다. 더불어 마케팅을 잘 기획해서 판매가 촉진된다면 결과는 보장된다. 신생 브랜드도 충분히 상상을 불허하는 매출을 기록할 수 있다. 마스크의 객 단가는 (원가 기준) 300원 미만이라고 한다. 돈 되는 것만 장사가 된다고 하면 마스크를 팔아서는 이치상 적자를 낼 수 있다. 그러나 코로나19 이후 전세계가 마스크에 대한 니즈가 최고조에 달했다. 아이러니하지만 마스크 제조사의 상황은 잔칫집 분위기다. 억대 매출을 넘어선 지 이미 오래다. 나 역시 비슷한 광고 운영 사례가 있었는데 디테일은 뒤에서 다루어보기로 하겠다.

5)

브랜딩을 이해해야 마케팅 전략이 보인다

우선 나의 정체성을 파악하자

"앞으로 미래에는 모든 것이 로봇이 일하는 자동화 시대가 된다.", "사람이 이것 저것 기술을 배우거나 관심 가질 필요 없다." 최근에 친구들과의 술자리에서 들은 이야기다. '이미 세상은 상당히 자동화 시대를 맞이했는데 지금 이런 이야기를 한다고?' 상당히 진전이 없는 화제라는 생각이 들었다. 만약 좀 더 트렌드를 앞서나가는 화제였다면 참 흥미로웠을 것이다. 하지만 대부분의 사람들은 이렇게 편리함을 추구하는 이야기를 많이 한다. 이미 그 시스템을 서비스로 이용하고 있는 고객 입장이기 때문이다.

그렇다면, 만약 우리가 그 시스템을 개발하거나 기획을 하는 입장이라면 어떨까? '관심'의 차이를 말하는 것이다. 엉뚱한 화제를 갖고 온 것 같이 보이지만 그렇지 않다. 멋진 아이템이 소비자들과 교감이 형성되면 누구든지 돈방석에 앉게 된다. 우리의 생각과 가치의 변화는 종이 한 장 차이라고 말할 수 있다. 당신의 브랜드의 가치를 성장시키고 싶다면 소비자에게 편익을 안겨주는 서비스를 만들어라.

나는 광고를 대행하는 사람이 아니다. 주로 컨설팅 및 강의를 하고 있다. 과거 아카데미 강의 로드맵을 오해하는 분이 있었다. 수강생이 생각해 내기 전에 1에서 10까지 기획을 미리 제공하고 본인이 원하는 패턴에 맞춰 움직여주길 바랐다. 소위 광고주가 광고 대행사에게 요구하는 보편적인 행동 양식이다. 정도가 심하면 전형적인 '갑' 질의 형태가 되기도 한다.

강사라는 포지션은 지식을 전달하고 강의 대상자들에게 올바른 방향을 제시하며 돌보는 역할을 하는 것까지다. 그러나 일반 마케팅 강사들은 지식을 전달하는 데까지가 행동 반경인 경우가 대부분이다. 나의 경우는 수업에 참여하는 분들의 비즈니스 파트너 역할까지 하고 있다. 단지 블로그 하나만을 이야기하는 것이 아닌, 온라인 마케팅 전반을 컨설팅한다. 이 부분은 강사로서 나의 경쟁력이며 나의 브랜드 콘셉트다.

어쨌든 그를 나무라지는 않는다. 그럴 필요도 없다. 결이 다른 사람과는 굳이 손을 잡지 않는다. 다만 이후 컨설팅을 하게 될 때면 내 역할을 분명하게 이해시킨다. 나는 방향을 잡아주는 사람이며 기획을 서포트하는 역할이 전부다. '전부'라는 표현을 썼다고 해서 '방향과 기획'이 별것 아닌 것처럼 보여졌다면 큰 착각이다. 비즈니스를 한다는 당신이 설마 사회 초년생은 아니길 바란다. 직장생활 경험이 있다면 당연히 알고 있을 부분이다.

모든 수단을 동원해서 '나'를 알려라

사수 또는 경력자가 선임으로 없다면 업무상 어떤 상황이 초래될지 말이다. 수강생 대부분이 1인 기업, 소상공인분들이다. 마케팅 초보자이고 강사의 멘토링 역할에 따라 업무 시너지가 좌우된다. 그래서 내가 하는 일은 대단히 큰 역할이다.

비즈니스의 마케팅 전략을 성공으로 이끌기 위해 기획을 서포트하고 방향을 잡는 것은 쉬운 일이 아니다. 나는 자신 있게 말할 수 있다. 수강생 모두를 동료이자 파트너로 대하며 맨투맨으로 케어하는 마케팅 강사는 대한민국에 나 뿐이다.

자, 그럼 이쯤에서 질문을 해보겠다. 브랜드를 이해하라는 소주제 아래 지금까지의 기록에서 당신이 느낀 점을 말해보자. '혹시 내 자랑과 내 강의를 홍보하는 데 집중한 글처럼 보였는가?' 당신이 정말 그렇게 보았다면 나는 성공한 셈이다. 앞서 나는 스스로에 대한 이해가 명확하며 내 강의 콘텐츠의 가치를 국내 최고라고 말했다.

브랜드란 나를 세상에 알리는 일이다. 그러려면 스스로를 잘 이해해야 하며, 당신의 브랜드 가치에 자부심을 갖고 있어야 한다. 본인 스스로가

자존감을 떨어뜨린다면 어떤 콘텐츠를 기획하든 힘이 실리지 않는다. 자신감이 없는 아이템은 그 누구도 설득시킬 수 없다.

위 이미지는 현재 의정부에서 'ㄷ'헬스장을 운영하고 있는 수강생이다. 과거 블로그가 홍보 효과에 좋다는 이야기를 듣고 체험단 및 운영 대행에 집중했었다. 그러나 방향성과 메시지의 전달이 명확하지 않아서 매출로 연결되지 못하고 있었다. 그러던 중 우연히 지인의 소개로 나와 인연을 맺게 되었다. 그동안 진행했던 마케팅 내용들을 분석해보며 새로운 방향을 제시했고 그래서 생각했던 콘셉트가 '바디AI'다. 마치 컴퓨터처럼 '눈으로 사람의 비디를 한번 스캔하는 것으로 체질, 체형 분석이 된다'는 의미다. 의사도 진단하기 힘든 컨디션을 모두 꿰뚫어보는 센스를 가졌다.

기획 회의 중 헬스장 오너의 경쟁력을 확인했고 다음 순서는 블로그에 녹이는 것이다. 그리고 스토리 콘텐츠를 중심으로 마케팅 전략을 구현해 나갔다. 약 2개월이 다가올 무렵, 헬스장은 상담 예약 및 매출 상승이 눈에 띄게 발생했다. 심지어 경쟁 업체 헬스장에 다니는 회원이 지인을 'ㄷ'헬스장에 추천하는 이벤트도 있었다. 기업 이미지 메이킹, 브랜딩의 의미는 이런 것이다. 나 스스로를 돌아보게 만들고 그 안에서 경쟁력과 가치를 확인하게 만든다. 그래서 나의 컨설팅 강의를 들으신 분들은 '이것밖에 할 게 없어서'라는 말을 하지 않는다. 마인드를 바꾸어 놓는 것이다.

이것이 진정한 실전 퍼스널 브랜딩이다. 그렇게 무장된 마인드를 콘텐츠에 담고 당신의 아이템을 최대한 알려보자, 어떤 전략이든 관계없다. 전략이 있다는 것이 행복한 것이다.

6)

고객이 사게 만드는 것이 마케팅이다

유연성은 절대적인 요소!! 울타리를 거두자

마케팅이라는 범위는 우리의 생각보다 매우 방대하다. 당신은 마케팅의 범위를 어디까지 한정하여 정의하겠는가? 블로그에 글을 올리면, 메일을 발송하면, 전단지를 배포하면, TV에 홍보를 하면 마케팅일까? 과거에는 마케팅이라는 단어를 제한된 범위로만 사용했다. 그러나 지금은 어떤가? 제조 과정에 들어가기도 전에 의미 부여를 시작한다.

또 무언가 제조가 된다면 그 이유가 타당성이 있어야 한다. 단지 잘 팔릴 것 같아서 하는 비즈니스는 지금은 통하지 않는다. 마케팅은 제조에서 유통, 판매까지 총망라하는 개념이 되었다. 그리고 혹자는 마케팅은 사람간의 관계쉽이라고 말하기도 했다. 틀리지 않다. 음, 그렇다면 우리는 어디까지를 마케팅이라 정의해야 하는 걸까?

우리에게는 고정 관념이라는 것이 있다. 익숙하고 습관된 인식으로부터 벗어나서 내 것을 경험하게 만들어보자. 어느 지역이나 반드시 맛집은 존재한다. 그 맛집은 손님이 쉽게 찾아올 수 있도록 블로그나 인스타그램을 통해 지역 마케팅을 할 것이다. 그렇게 한번 방문한 손님이 그 식당의 음식 맛을 마음에 들어 하면 자연스럽게 소개를 하게 된다. 식당은 맛으로 승부하는 것이 정석이며 입소문이 나게 만들었다면 성공한 것이다.

나는 블로그 카더라 통신을 풀이하는 데 전문가라고 할 수 있다. 그리고 온라인 종합 마케팅의 인사이트가 풍부하여 종합 컨설팅도 가능하다. 그래서 가끔은 인스타그램 라이브 방송을 통해 블로그와 컨설팅이라는 인사이트 전달하기도 한다. 물론 이건 100% 재능 기부다. 다만 이 과정을 통해 마케팅에 니즈와 갈증이 크신 분들은 수강 신청을 희망하신다.

맛집의 경우 앞과 같이 맛이 소문나면 손님들이 줄을 서서 대기표를 뽑고라도 기다린다. 또 마케팅 인사이트를 잘 푸는 것으로 소문이 나면 하나라도 더 배우기 위해 사람들이 몰린다. 난 이것이 마케팅이라고 생각한다. 맛 또는 실력으로 인정받고 그것이 브랜딩이 되어 소비자가 먼저 찾아오는 구조를 만들어야 한다. 언제까지 갑을병정 중 병 또는 정의 위치에서 아쉬운 소리하는 악순환은 그만두자.

현재 나는 컨설팅은 재능 기부를 하다시피 한다. 블로그 강의와 퍼스널 브랜딩은 유료 서비스로 진행한다. 어떤 방식으로든 나의 수업을 제대로 들었다면 반드시 결과물이 나온다. 난 이렇게 나를 브랜딩하고 있다. 결과를 누구보다 빠르게 안겨 줄 수 있다. 그런데 어느 날 유튜브를 보고 신선한 경험을 했다. 광고 회사 대표로 추정되는 인물이 유튜브로 이런 말을 했다. 현재 내가 재능 기부 하고 있는 블로그 컨설팅과 기획 비용으로 객 단가 1천 수익을 번다고 말이다. 또 브랜드파워를 얻은 강사들의 한 달 수익이 어느정도나 되는지 실제로 본 적도 있다. 나는 종종 견문을 넓히기 위해 무료 세미나에 참여를 한다. 배움에는 끝이 없으며 트렌드를 쫓아가기 위함이다. 인재를 양성하는 교육 프로그램을 홍보하기 위한 세미나였고 무료였다.

당신의 가치를 돈으로 계산할 수 있는가

거두절미하고 가장 중요한 건 수강료였다. 약 2시간 세미나를 열정적인 강의를 마치고 그 자리에 모인 인원들에게 정규 과정 수강 신청서를 제시했다. 약 30명 모인 전원에게 배부하고 신청을 유도했다. 수강료가 얼마였는지 혹 상상이 가는가? 커리큘럼에 따라 기초/중급/고급 과정으로 구성되어 있었다. 당연히 기초, 중급 클래스는 미끼 상품이다. 이 세미나에서 추구하는 주력 교육 상품은 당연히 고급 과정이다. 수강료는 무려 인당 1천만 원 상당이다.

과연 이 강의를 듣고 몇 명이나 인재가 나오게 될까? 커리큘럼을 보면 그럴싸한 타이틀은 많이 기록되어 있었지만 내 기준으로 볼 때 현실감은 다소 약했다. 게다가 2시간 정도 뚝딱 강의하고 당장 1천을 내놓으라는 소리에는 살짝 놀라기도 하며 솔직히 기대했다. 과연 이 사람들 중에 지금 이 자리에서 현금 1천만 원을 거래하는 사람이 있을까?! 거짓말 전혀 보태지 않고 20분도 채 걸리지 않았다. 수강생 TO는 10명뿐이었고, 그 10인이 채워지는 건 순식간이었다. 내 눈으로 보고도 믿기 힘들었던 그 순간은 지금도 생생히 기억난다. 그리고 확신했다.

'브랜드 마케팅에 힘이 실리면 2시간 세미나 하고 그 자리에서 1억을 버는 일이 가능하구나'라는 것이었다. 해당 세미나 주최자는 본인의 경쟁력을 어필했다. 그리고는 자연스럽게 그 니즈와 필요를 따라 소비자들이 모였다. 세일즈 행위가 1도 없지는 않았지만 부추김이나 강요는 없었다. 그들이 모르는 정보를 줬고 결과물을 보여줬다. 주최자가 한 일은 그것이 전부였다. 선택은 참여자 본인들의 몫이었다. 지식을 파는 서비스이지만 결국 그 안에 적어도 그들에게는 킬러 콘텐츠가 되었던 것이다. 소비자가 스스로 지갑을 열게 만드는 마법이다. '갑'이 되는 게임이다.

당신은 어떤 콘텐츠 또는 아이템을 갖고 있는 사업가인가? 앞의 예시가 실사례다. 저 정도의 가치를 당신은 갖고 있는가? 이 책을 읽고 있다면 당신은 아직 스토리 마케팅이 필요하다는 증거다. 앞의 세미나 주최자도 사실은 SNS에서 이미 상당히 브랜드를 구축한 사람이다. 그러니까 고객이 찾아오는 마케팅이 가능했던 것이다. 나도 그를 보고 '1000만 원 상당의 강의를 만들자'는 목표를 잡게 되었다.

대신 사기를 치거나 알맹이 없는 허울뿐인 강의가 아니라 진짜 결과를 만드는 커리큘럼으로 브랜드화 시키는 것이 포인트다. 그렇게 된다면 가격을 부르는 것은 의외로 쉽다. 모두가 인정하는 대가 지불을 만들기 위해서는 콘텐츠의 완성도와 마케팅 전략이 필수다. 나도 그걸 알기에 나만의 스토리를 끊임없이 구축하고 있다. 더불어 눈으로 확인할 수 있는 결과물인 퍼포먼스 역시 꾸준히 만들어 내고 있다.

7)

블로그도 감성 마케팅이다

구글도 능가할 수 없는 미래를 바라보는 힘

나는 블로그 마케팅 1세대다. 네이버가 탄생한 1999년 1년 뒤인 2000년에 아이디를 처음 만들었고, 2007년쯤 블로그를 시작했다. 이 정도면 1세대라고 불리어도 무방하겠다. 이 당시만 하여도 SNS가 없었다. 페이스북은 2004년 하버드 대학생을 통해 제작되었고, 2005년에 유튜브가 설립되었다. 그리고 마지막으로 2010년 인스타그램이 탄생했다. 결국 역사적으로 보면 네이버 플랫폼이 대 선배님쯤 되겠다.

네이버가 초창기부터 잘 나갔던 것은 아니다. 모든 플랫폼 서비스가 다 그렇듯 베타 버전 같은 과정이 있었다. 네이버 지식 쇼핑, 어학사전, 블로그, 카페 등을 꾸준히 개발시키면서 유저를 모았다. 어떤 플랫폼이든 유저(회원)가 없으면 아무 의미가 없게 된다. 존재 가치가 떨어진다는 뜻이다. 네이버가 전성기를 맞이하기 시작한 것은 어찌 보면 2010년 이후로 추정된다. 상당히 괜찮은 서비스들이 오픈되었고, 특히 블로그 마케팅 시장은 이때부터 이미 거대한 수익화를 이룩했다. 알고리즘 또한 자유 속에 방치된 컨디션이었다.

제법칙 광고하지 말고, 고객의 마음을 훔쳐라 **61**

덕분에 누구나 파워 블로그가 될 수 있었고, 누구나 손쉽게 상위 노출을 만들어냈다. 그래서 1인 기업가들의 성장이 매우 빨랐고, 부가 수익 창출도 상대적으로 쉬웠다. 나 역시 당시 월 3천 정도의 수익을 만들어 낼 정도였으니 말이다. 그리고 네이버는 그 과정을 통해 현재는 대한민국 1등 검색 엔진 포털사이트로 자리매김했다. 거대 글로벌 기업 구글도 한국에서는 네이버를 능가하지 못한다.

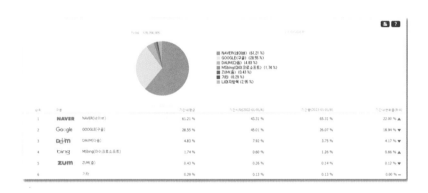

2023년을 맞이한 지금 네이버는 여전히 잘 나가는 기업이지만, 모든 사람들이 좋아하지는 않는다. 광고 수익으로 자사 이익을 지나치게 추구하고 있기 때문이다. 그럼에도 '유저 점유율 61%'라는 건 정말 굉장한 수치라고 볼 수 있다. 인스타도 유튜브도 좋은 채널인데 왜 굳이 네이버 광고를 하려고 하는가를 증명하는 데이터이기도 하다. 어떻게 이런 결과물이 가능했을까? 단지 서비스가 좋거나 인터페이스가 편해서 그랬을까?

약 7년 내외 블로그를 운영해온 인플루언서라면 당연히 알고 있을 것이고, 당신과 같은 초보 블로그들은 잘 모를 수 있다. 우리가 블로그를 하는 첫 번째 이유는 기록하는 재미가 있기 때문이다. 글을 쓴다는 의미보다는 내 삶을 기록한다. 두 번째 이유는 상위 노출이다. 내가 쓴 글이 네이버 VIEW 탭에 상위 노출된 그림을 보았을 때 뭔가 모를 쾌감을 느낀다. 그리고 확장성 있는 온라인 수익화라는 미래의 가능성을 그려볼 수 있다. 세 번째는 온라인 인프라가 형성되고 공감대를 나눌 수 있는 관련 커뮤니티 활동이 시작되면서 새로운 즐거움을 느낀다. 정리하자면 블로그를 통해 당신의 삶이 즐거움으로 승화된다.

온라인 수익화로 돈을 번 사람들의 원동력

현 세대는 온라인 수익화와 부가 수익을 만드는 파이프라인 등을 그리고 싶어한다. 그런데 방법을 잘 몰라서 헤매고 있다. 만약 블로그가 당신의 삶에 활력소를 제공하고 수익화를 만들어주는 터닝포인트가 된다면 어떻겠는가?! 당연히 즐거움에 미치도록 열심히 운영할 것이다. 네이버는 영리를 추구하는 사기업이다. 그러나 한국인의 정서를 정말 잘 이해하는 기업이기도 하다. 당신의 즐거움은 욕심이나 사리사욕보다는 공감을 만드는 글로써 표현이 된다. 그럼 소비자들은 잠재고객들은 그 글에 호응과 반응을 하게 된다.

결국 관계쉽이 형성될 수 있다는 말이다. SNS만 감성 마케팅이 아니다. 사실 블로그의 본질을 이해하게 되면 상상을 초월하는 감성 마케팅의 효과를 만들어 낼 수 있다. 1인 기업 또는 개인을 위한 브랜드 마케팅이라는 단어가 지금 왜 주목받고 있는가?! 광고만 하는 콘텐츠는 차별화도 되지 않고 의미가 없는 투자로 전락되기 때문이다. 그럼 스토리 기획이 필요한데 기획도 감각이 필요해서 아무나 할 수가 없다. 요즘은 취업, 창업 준비 대상자들에게 국가에서 지원하는 교육 프로그램들이 있지만 참여 조건도 까다롭고 기회가 흔한 것은 아니다. 브랜드 기획이 가능하다면 블로그를 활용한 소통하는 감성 마케팅을 펼칠 수 있다.

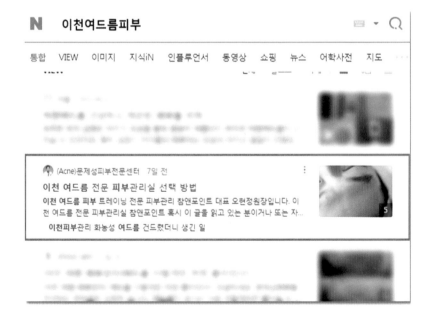

여드름 피부 관리 전문 'ㅊ'샵 원장님의 블로그다. 2022년 11월 블로그 컨설팅을 받으시고 퍼스널 브랜딩에 대한 이해도 및 상위 노출을 통해 현재 샵이 성장세를 맞이하고 있다. 피부 관련 업계에서는 10년 이상 종사하신 베테랑이며, 자신만의 노하우까지 겸비하여 경쟁력도 매우 강하다. 그럼에도 온라인 마케팅에는 초보자라서 어떻게 브랜딩을 해야 할지 모르셨던 분인데 강의를 듣고 2개월 만에 만든 성과다.

지금 상위 노출을 말하고 싶은 게 아니라 앞의 포스팅을 검색해서 클릭해보자. 광고만 하는 글과는 스토리 라인 구성이 다소 차이가 보일 것이다. 당연히 초보자가 작성한 글인 만큼 완성도 높은 퀄리티는 보장하기 어렵다. 중요한 사실은 'ㅊ'샵은 감성 콘텐츠를 만들어냈고, 또한 상위 노출을 이룩했다. 그 결과로 지금은 예약 스케줄이 많아서 바쁜 하루하루를 살고 있다는 사실이다.

BLOG MARKETING

매출 성장의
KEY,
말하듯이 써라

1)

콘셉트 : 어떤 글을 작성할지 먼저 정해라

비즈니스 계정도 인플루언서가 될 수 있다

블로그 기본 세팅 및 운영 방법은 유튜브나 웹 포털 문서 등에서 스터디 해볼 수 있는 자료가 많다. 다양한 방법론을 예시로 제시하며 '블로그 마케팅 이렇게 하라'는 콘텐츠를 많이 들어보았을 것이다. 그런데 당신은 왜 지금도 컴퓨터 앞에만 앉으면 막막한 기분이 들까? 분명 좋은 강의 및 내용을 많이 접해보았음에도 불구하고 타이핑이라는 액션이 시작되기까지 상당한 시간이 걸린다. 그리고 당신의 머릿속에는 한가지 메시

지가 떠오를 것이다. '그래서 뭘 어떻게 하라는 거지?'

　그리고 혹 오프라인 강의를 들어보신 분들은 강사에게 이런 질문을 해 보았을 것이다. "어떤 콘셉트로 글을 써야 하는 건가요?" "블로그 운영을 잘하려면 어떻게 하는 게 가장 좋은가요" 그럼 대체로 돌아오는 말은 다음과 같다. "다른 블로그들을 벤치마킹하면서 글을 많이 써 보셔야 합니다. 익숙해지는 시간이 필요합니다." 물론, 블로그를 처음 운영해보거나 글을 쓰는 습관이 안 되어 있는 분들에게는 시간이 필요하다. 벤치마킹은 매우 중요한 스터디이며 글을 많이 써 보는 포스팅의 생활화 역시 중요하다.

　그러나 우리가 글쓰기를 힘들어하거나 운영이 어려운 이유는 근본적인 데에 답이 있다. 첫 번째 이유는 경험 부족보다는 콘셉트를 정하지 않았기 때문이다. 어떤 방향으로 블로그를 운영할 것인가를 가장 '우선 순위'로 정해야 한다. 둘째, 방향을 알면 길이 보인다. 콘텐츠는 콘셉트 기획에서 비롯된다. 콘셉트가 잡히면 스토리텔링이 시작될 수 있다. 현재 이것을 잡아주는 블로그 강의가 없다. 결국 적용이 문제다. 막연하기 때문에 실행이 안 되는 것이다.

　그럼, 콘셉트의 기준이 대체 무엇일까? 내 블로그 콘텐츠의 성격이 무엇인지 정해야 한다는 말이다. 예를 들면 커피를 주문한다고 해보자. 쓴맛, 연한 맛, 신맛, 달달한 맛 등의 농도 그리고 아메리카노, 카페 라떼, 카푸치노 등 커피의 종류가 있다. 이 중에는 내가 맛보고 싶은 느낌과 종류가 있을 것이다. 본인의 취향이 정해져야 올바른 주문 제작이 가능한 것처럼 콘셉트도 마찬가지이다.

블로그를 운영하기 앞서 비즈니스 계정으로 할 것인지, 인플루언서가 될 것인지 정하는 것이 순서다. 인플루언서라면 일상, 육아, 영화, 맛집, 여행 등 다양한 카테고리 중에 난 어떤 콘텐츠를 위주로 글을 쓸지 정해야 한다. 그리고 성실한 정보성 글이 되어야 한다. 때문에 개인이 블로그 인플루언서가 되는 길은 많은 고민이 수반된다. 오히려 비즈니스 계정은 콘셉트 잡기가 수월하다. 기업의 정체성, 정보성 그리고 소비자와의 관계쉽 중심으로 가변 된다. 다만 주의할 점은 상업적인 글이 되면 시루하고 거부감이 들며 이탈이 많아진다. 그래서 스토리텔링의 니즈를 계속 강조하고 있는 것이다. 콘텐츠가 되면, 블로그는 재미있고 교감이 쉽게 형성된다. 그리고 비즈니스 계정이지만, 관련 주제에 조예가 깊은 인플루언서라는 타이틀까지 받을 수 있다.

우리에게 필요한 건 이론이 아닌 실전!!

지금 당신은 글쓰기를 할 때 시간이 어느 정도 소요되는가. 만약 3시간 또는 그 이상의 시간이 걸린다면 당신은 방향을 놓치고 있는 상황이다. 보통 사진 편집까지 포함해서 1시간이면 포스팅 1건이 완성되어야 한다. 그러나 콘셉트가 완성되지 않은 블로그에서는 글이 원활하게 나오기가 어렵다. 그러니 막막해지는 것은 당연하다. 글은 내 생각을 적는 일이다. 형식이나 글자 수에 구애 받지 말고 다만 진정성 있게 글을 작성해보자.

콘셉트 기획이라는 말은 퍼스널 브랜딩 또는 브랜딩 강의에서는 쉽게 들을 수 있는 말이다. 그러나 여느 블로그 강의에서는 듣기 쉽지 않다. 왜냐면 앞서 말한 것처럼 그런 강의는 경험해 본 일이 없기 때문이다. 블로그는 스토리 콘텐츠를 만드는 공간이다. 소위 인스타그램을 시작할 때는 콘셉트를 잡으라는 말이 많다. 맥을 놓고 본다면 서로 일맥상통한다. 그런데 왜 블로그를 하는 우리는 그런 훈련을 받아보지 못했을까? 결국, 우리가 블로그를 운영하기 힘든 것은 우리의 잘못이 아니라 그런 교육을 접해볼 기회가 어려웠던 것이다.

   한 가지 팁을 더 드리자면, 블로그를 세팅할 때 가장 기본적인 '주제'를 명확히 설정하자. 콘셉트의 방향성은 여기서부터 시작된다. 혹자는 블로그는 다채로운 카테고리를 소화할 수 있어서 '일상'을 디폴트로 설정해도 무방하다고 한다. 이건 블로그라는 플랫폼을 전혀 이해하지 못하고 하는 말이다. 당신은 어떤 성격의 블로그를 만들고 싶은가? 지금부터 정해보자.

2)

관점 : 소비자 입장에서 생각하라

우리 블로그가 문의가 없는 이유, 간단하게 풀어보자

"내 블로그는 노출은 되는데 문의가 없어요"
"방문자 수가 안 늘어요. 왜 그런지 모르겠어요!"

블로그를 오래 운영해본 사람들 중에서 종종 내게 이런 질문을 주시는 분들이 계신다. 그분들의 블로그를 모니터링 해보면 크게 두 가지 문제점을 확인할 수 있다. 소통 포인트가 없거나, 광고 글 또는 본인만 보기에 편한 글을(포스팅을) 연재하는 경우가 대부분이다. 내 아이디로 만든 개인 블로그인데 왜 방문자들의 입장을 고려하며 눈높이를 맞춰야 하느냐? 하며 문의도 방문자도 별로 없으니 그런 디테일까지 챙기는 일을 귀찮아한다. 자 그럼 당신의 블로그는 왜 방문자가 없는지 원인을 고민해본 적 있는가. 모든 일에는 원인과 결과가 있다.

우리 동네에 태권도 체육관이 있다. 운동시간은 정해져 있으며 그 시간 외에는 사람이 없다. 그 도장은 언제나 실내등과 간판 등이 꺼져있다. 도장 입장에서는 회원이 적으니 전기세라도 아끼고 싶은 것이다. 이해는 할 수 있다. 그런데 어느 날 당신이 격투기 종류의 운동에 관심이 생겨서 태권도를 알아본다고 가정해보자. 마침 동네에 태권도장이 있는 것을 기억했다. 그런데 여전히 이 도장은 등이 꺼져 있고 관장은 어디 있는지 얼굴을 보기도 쉽지않다. 이런 도장은 누구라도 상담 받고 싶은 마음이 가시게 된다. 이것이 원인과 결과다.

당장에 당신의 블로그에 방문자 및 댓글 소통이 별로 없다고 해서 성의 없는 운영을 한다면 좋은 날은 오지 않는다. 블로그 활성화의 키는 소통 포인트에 있다. 대중이 공감하는 스토리 기획을 한다면 당신의 블로그는 저절로 차별성과 경쟁력이 갖춰지게 된다. 사람들이 찾고 싶고 방문하고 싶은 블로그로서 조건을 갖추게 된다는 말이다. 취미로 운영하는 블로그라면 다소 자유롭게 운영해도 좋다. 그러나 디지털 노마드나 비즈니스라면 그 목적에 걸맞은 조건이 요구된다.

그 조건이란, 바로 스토리 라인의 구성이다. 업종에 따라 편차는 있겠지만 제 아무리 상위 노출된 블로그라고 해도 스토리 전개가 엉망이면 절대로 좋은 결과를 만들 수 없다. 내 블로그니까 내 마음대로 운영하고 싶다면 당신 혼자만의 공간으로 만족하자. 그러나 그것이 아니라면 소비자들이 보았을 때 잘 읽히고 이해가 쉬운 글을 써야 한다. 또한 글쓰기를 할 때 반드시 지켜줘야 할 3가지 포인트가 있다. 소통, 공감, 후킹이다. 블로그 마케팅 효과를 제대로 보려면 셋 중 어느 것 하나라도 빠지면 안 된다.

왜 네이버 블로그는 온통 광고일까

우리는 네이버 또는 블로그는 온통 광고라고 말하는 사람들도 있다. 왜 그런 선입견을 갖게 되었을까? 나 역시 블로그는 인플루언서를 활용한 홍보 글이 상당해서 100% 신뢰하지 않는다. 그런데 여기서 블로그 강사가 블로그를 믿지 않는다고 말하고 있다. 지금 순간 당신은 나에 대해 엄청난 모순 덩어리라는 이미지를 그렸을 수 있다. 그랬다면 당신은 내 말을 제대로 이해를 못 한 것이다. 난 홍보 글을 믿지 않는 것이지 블로그를 믿지 않는다는 말은 한 적이 없다. 나는 수강생 분들에게도 홍보하지 마시고 스토리를 쓰라고 전달한다. 우리가 블로그에 선입견이 생긴 근본적인 이유는 무분별한 홍보 콘텐츠 때문이다.

인스타그램, 유튜브, 카카오톡이나 메신저만 소통을 하는 게 아니라 블로그도 소통하는 채널이다. 이것이 블로그의 진짜 정체성이다. 많은 분들이 모르고 있거나 간과하고 있다. 블로그에 포스팅을 쓰고 또 보는 것은 사람이라서 소통이라는 것이다. 누군가 당신과 관계쉽이 형성되기 전에 무언가 팔려고 한다면 어지간해서는 구매하지 않을 것이다. 동네 마트나 편의점에서 물건을 구매하는 거랑은 다르다.

그곳에는 당장 니즈가 있는 수요자가 모이며 브랜드를 믿기 때문에 판촉이 일어나는 것이다. 그리고 지역 상권이기 때문에 꾸준한 매출이 발생할 수밖에 없다. 그러나 온라인은 다르다. 스마트 스토이만 해도 동일한가지 제품을 여러 개의 샵에서 판매하고 있다. 심지어 가격 경쟁이 심하고 상위 노출이 어렵다. 신뢰란 꾸준한 브랜딩에서 만들어진다. 블로그는 마케팅을 하는 채널이 맞다. 하지만 기승전결 '목적'만을 갖고 글을 쓴다면 아무도 좋아하지 않는다. 우선 소통을 통해 공감을 얻는 것이 가장 중요하며 셀링 포인트는 가장 마지막에 가볍게 넣어주면 되겠다.

이와 같은 방식으로 글을 쓸 때 당신의 블로그는 금방 방문자 수가 많아지고 팬덤까지 생길 것이다. 다만 블로그 운영을 아주 부지런히 해야 된다. 권장 사항으로는 1일 1포를 작성해라, 만약 여력이 없다면 주 3포 이상은 꾸준히 작성하자. 그리고 반드시 명심해야 할 것이 있다. 블로그 초보자 이거나, 방문자가 50명도 들어오는 않는 블로그라면 성급하게 수익화를 만들려고 하지 마라.

수익화라는 건 팬덤이 생기면 언제든지 만들어 낼 수 있다. 심지어 인플루언서 활동으로 매일매일이 몹시 분주해질 때가 반드시 온다. 지금은 인내심을 갖고 부지런히 운영해보자. 당신이 비즈니스를 목적으로 블로그를 운영한다면 반드시 스토리텔링을 해야 한다. 회사 이야기, 제품 이야기 매일 하면 아무도 좋아하지 않는다. 비즈니스 계정은 브랜드 네임을 보면 누구나 알 수 있다. 기업의 브랜드 이미지 메이킹에 목적이 있다는 걸 알고 있다. 상업적인 콘텐츠 중심으로 글을 쓰면 누구도 흥미를 느끼지 못한다.

그래서 스토리기획이 중요하다. 테마를 정하고 고객들과 소통할 수 있는 콘텐츠를 발행해보라. 그럼 고객들은 당신의 블로그에 방문하는 시간을 즐거워할 것이다. 그리고 해당 콘텐츠를 보는 재미에 빠지게 된다. 브랜드 인지도 및 이미지 메이킹은 자연스럽게 따라오게 되며 일 방문자도 기하급수적으로 상승할 수 있다.

3)

소재 : 일단 맛집, 취미, 일상에서부터!

일에서 취미로, 광고에서 마케팅으로

블로그의 활용도는 주로 개인 (블로그)인플루언서 보다는 소상공인, 1인 기업가들이 마케팅을 목적으로 한다. 블로그를 통한 마케팅 효과가 너무 잘 알려져 있기 때문이다. 운영법을 조금만 알면 네이버에서 무료로 홍보 활동이 가능하다. 네이버는 국내 포털사이트 유저 점유율 1위로 그 경쟁력이 매우 강력하다. 때문에 1인 기업가, 소상공인들에게 필수 마케팅 도구로 자리를 잡고 있다.

그렇게 많은 사람들이 마케팅 수단으로 활용하고 있지만 기업 블로그를 운영할 경우는 주의사항이 있다. 개인 블로그는 취미로 운영하면서 재미와 실력 그리고 수익을 함께 키워 나가면 된다. 그러나 기업의 입장은 그렇게 한가하지가 않다. 당장 오늘 벌어 내일 살아야 하는 입장이 대부분이다. 그렇다고 오늘 블로그에 쓴 글이 당장 내일의 매출을 보장하지는 않는다. 그런 마법 같은 일을 바란다면 공격적인 마케팅을 해야 된다.

여기서 공격적인 마케팅이란 블로그, CAFÉ, SNS 유료 광고, 검색 광고(구 파워 링크) 등 다양한 투자를 하는 형태이다. 다만 이렇게 종합적인 마케팅을 하려면 광고 예산이 많이 든다. 혹시 시간 또는 비용 중 어떤 투자도 없이 돈을 벌고 싶다면 당장 사업을 접어라. 그런 근성의 오너라면 기업은 절대로 성장할 수 없다. 세상에 공짜는 없다.

또한 광고 예산에 비례하여 광고 효율이 무조건 잘 나온다는 보장이 결코 없다. 오히려 대부분은 투자 대비 실패가 많다. 광고 회사를 바라보는 시각이 좋지 않은 이유에도 포함이 된다. 실패의 원인은 대부분 전략과 기획의 미스에서 발행한다. 광고 예산이나 전략 기획을 위한 인력풀이 넉넉하지 않은 1인 기업이 블로그를 해야 할 이유다.

다시 블로그 이야기로 돌아와보자. 볼륨 있는 공격적인 마케팅이 안 된다면 결국 당신은 블로그 마케팅에 집중하는 것이 맞다. 그런데 당신이 기업인이라면 역시 아무런 전략 없이 글쓰기를 시도해서는 안 된다.

시작하는 글을 가벼운 소재로 도전해보자. 당신의 일상을 그려보는 것을 순서로 해봐도 좋다. 또는 인플루언서들처럼 여행, 맛집 등의 소재를 시작하며 연습을 해보는 것이다. 그리고 어쨌든 상위 노출을 시켜야 하는 미션은 누구에게나 있으니 스터디를 해라. 또 실천 없는 학습은 죽은 지식과 같다. 반드시 실행하라.

아카데미를 운영하며 수강생들에게 어떻게든 이해를 시키기 위해 이런 저런 말을 해보았지만 한계가 있었다. 스토리 라인을 구축하는 글은 보통 인터넷에 잘 안 나온다. 대한민국 블로거 중에 누구도 스토리 콘텐츠를 위한 훈련을 해본 사람은 없다. 블로그 인플루언서처럼 글쓰기 연습을 해보았거나 습관적인 글쓰기를 반복하는 사람들이 있다. 그러한 경험이 쌓여서 필력이 늘어나는 경우가 대부분이다.

좋은 글을 서칭 하다 보면 우연히 발견할 수 있다. 그러나 그나마 나은 콘텐츠일 뿐이다. 그런 수고의 시간은 견뎌내는 1인 기업은 드물다. '블로그가 그렇게 많은데 좋은 글 찾기가 힘들다는 것은 믿을 수 없다' 생각한다면 지금 당장 네이버를 검색해보라. 당신에게 감동을 주는 글은 쉽게 찾아보기 힘들 것이다. 이러한 상황을 근거로 당신이 글쓰기 실력을 속성으로 키우기 힘든 이유는 명확하다. 벤치마킹할 자료가 충분하지 않고 그런 교육도 받아 볼 기회가 없었기 때문이다. 물론 블로그 강의에는 관련 트레이닝이 들어 있다. 아직 스터디 기회 없었던 당신에게는 일상, 맛집 같은 리뷰 글로 훈련을 먼저 해보자. 비즈니스 이야기를 하려고 하면 힘이 들어간다. 나도 모르게 광고 글만 쓰고 있는 자신을 발견하게 된다. 그러나 일상 글은 부담이 없어서 연습하기 편하다.

글쓰기는 자신을 발견하는 것부터 시작이다

조금 다른 이야기를 해보겠다. 나는 과거 입시 및 취업 전문 교육 기관에서 마케팅 총괄과 기업 경영에 힘써본 경험이 있다. 수험생이든 취준생이든 결과를 만들려면 자기소개서(자소서)를 만들어야 하는 미션은 동일하다. 보통 자소서의 항목에는 성장 과정, 지원동기, 취미, 성격, 장단점 등이 있다. 이건 스스로의 이야기를 작성하는 양식이므로 본인의 스토리를 작성하면 된다. 그 자소서를 첨삭하는 역할까지 수행했고 많은 수강생들의 합격을 도왔다. 문제는 그들이 첨삭을 요청하며 가져온 자소서는 웃음이 나올 때가 많다는 것이다.

뜻밖이겠지만 필력이나 문장력 어휘력 등이 모두 중학생 수준을 벗어나지 못하는 경우가 다반사다. 명문대 재학생, 유학 경험이 있는 취준생, 내신 1~2등급의 학생들이 수준이 크게 다르지 않다. 이 글을 읽고 있는 당신이 학부모라면 자녀의 자소서를 지금 확인해보라. 기가 막혀서 나에게 첨삭을 받아보고 싶어질 것이다.

그런 수준의 아이들이 성장해서 어른이 된 모습이 지금의 당신이다. 자아가 성장했고 좋은 스펙에 좋은 연봉을 받았던 만큼 좋은 글이 나온다면 좋겠지만, 현실은 다르다. 지금 당장 블로그에 글을 한번 써보자. 막막할 것이다. 부정하고 싶겠지만 받아들이자. 스스로에 대한 인정이 빠른 사람은 그만큼 성장한다. 자존감의 개념과는 전혀 다른 이야기다.

아무리 명강의를 해도 글을 쓰는 사람은 당신이다. 1~2회 강의를 듣는 것만으로 필력이 하루아침에 성장된다면 아무도 고생하지 않는다. 나의 블로그 강의 로드맵에는 수강생 분들의 글을 첨삭하는 과정이 들어 있다. 글을 몇 개를 쓰든 전부 첨삭해준다. 그리고 관련 내용을 코멘트 해주며 스터디를 히도록 미션을 제시한다. 닌 침식을 해주는 사람이 아니다. 성장하는 데까지 시간을 벌어주며 맨투맨 케어를 하는 것이다.

당신이 블로그 초보자라면 우선 맛집이나 일상을 써보자. 그럼 분명 홍보에 대한 욕심은 내려놓자. 그럼 자유로운 글쓰기가 가능해질 것이다. 필력을 쌓으면서 점차적으로 마케팅 콘텐츠를 만들어보자. 그렇게 단계를 밟으면 반드시 어느 순간 당신은 대단한 실력자로 성장해 있을 것이다.

4)

주제 : 제목부터 정하고 써내려 가라

방향을 정하면 길이 보인다

포스팅의 제목을 정하지 않고 습관적으로 본문에 내용을 먼저 기록하는 분들이 있다. 이런 분들이 주로 하는 이야기가 있다. "블로그 포스팅 1개 쓰는데 3시간이 넘게 걸려요." "며칠 동안 글 하나 쓰고 있어요." 초보자분들의 경우 타수가 안 나와서 그럴 수 있다. 또는 제목을 쓰기 어려워하는 분들이 있다. 대부분 주제를 정하지 못하고 있는 데에 원인이 있다. 주제가 없는 게 아니라 메시지를 함축할 줄 모르니 제목이 안 나오고 글은 산으로 가고 있다.

수원 맛집에 대한 글을 쓴다고 해보자. 그럼 그 식당이 맛집으로 인정받고 있는 이유와 나의 식감 후기를 작성할 수 있다. 그렇게 맛집에 대한 이야기가 주요 화두가 되면 글은 금방 쓸 수 있다. 우선 여기까지만 작성을 해보자. 지금 당신의 머릿속에 떠오르는 의문들이 있다면 모두 홀딩시켜라. 그럼 즉시 한 개의 포스팅이 간결하게 완성될 수 있을 것이다.

글 쓰는 시간이 길어지는 이유는 단순하다. 소재가 없어서 고민하는 것이라면 그나마 다행이다. 그러나 대부분은 머릿속이 복잡한 상황이 많다. 주제는 하나로 초점이 맞춰져서 전개되어야 한다. 그러나 소재가 풍성해지는 경우가 종종 있다. 상황이 이렇게 전개되면 어느새 핵심 주제는 방향을 잃고 시간은 내 편이 아니게 된다. 그런 글은 유저들에게 '무슨 말이 하고 싶은 거지?'라는 생각을 부여한다. 일상 글이라면 그나마 괜찮다. 그러나 비즈니스를 홍보하는 글이 이런 식이면 좋은 성과를 기대하기 어렵다. 아니면 광고성 글인데 결국 아무도 읽고 싶지 않은 포스팅이 탄생된다는 말이다.

주제가 명확하면 글을 쓰는 스피드가 날로 향상되고 매우 빨라진다. 다양한 이야기를 쓰고 싶다면 다양한 타이틀(제목) 속에 포스팅 개수를 늘려라. 그럼 발행 글이 많아지니 블로그의 지수 올리기에 오히려 유리하다. 네이버는 블로그의 최신 글 발행에 대한 가중 점수를 부여한다. 1

일 1포스팅을 하면 블로그의 활성화 및 성장 속도에 좋다는 것은 맞는 말이다. 지금부터의 미션은 제목을 정하는 일이다.

글쓰기 스피드 업, 30분의 마법

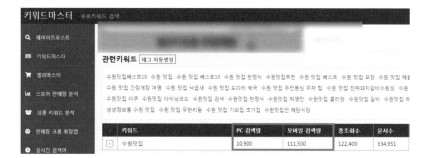

[키워드마스터]

[네이버-검색 광고]

첫째 벤치마킹을 하자. 내 아이템이 유일무이한 제품일리는 거의 없다. 그렇다면 이미 많은 양의 글이 검색 반영되어 있을 것이다. 그 글들의 제목을 유심히 분석해보자. 당신이 원하는 주제나 키워드가 어떤 형태로든 반드시 있을 것이다. 어순의 변동이나 조금씩 형식의 변화를 주기만 할 뿐 맥은 모두 동일하다. 경쟁사라고 미워하지 말고 일단 당신이 초보자라면 배울 점은 분명히 있다. 노출되는 제목들을 모두 클릭해서 내용을 전부 보자. 글의 전개 방식이나 시나리오 구성 방식을 통해 제목을 구성시키는 패턴을 이해할 수 있다.

두 번째, 키워드 검색 쿼리(데이터)를 분석하자. 제목에 반드시 삽입되어야 할 단어가 있다. 바로 '대표 키워드'를 말한다. 또는 '핵심 키워드'라고 칭하기도 한다. 마케팅 공식 용어다. 대표 키워드라고 칭하는 이유는 소비자가 찾는 메인 검색어이기 때문이다. '키워드 마스터'와 '검색 광고' 사이트는 대표 키워드로 활용될 수 있는 모든 단어를 찾아준다. 각각 키워드별 한 달 간 유저 검색량을 숫자로 확인해주는 역할을 한다. 키워드별 검색 수에 따라 유저 수요의 많고 적음을 파악할 수 있다. 키워드 마스터는 회원가입이 필요 없고, 검색 광고는 서비스 이용을 위해 개인/사업자로 회원가입이 필요하다.

지금, 제목에 사용하고자 하는 단어 즉 대표 키워드를 조회해보자. 대표 키워드의 PC/모바일 월 검색량(숫자 카운터)을 자세히 보자. 검색량이 많은 것 위주로 초이스 하는 것이 타율이 좋다. '〈10' 이런 데이터는 브랜드 네임을 제외하고 제목으로 써서는 안된다. 검색 수요가 10명도 없음을 의미하기 때문이다. 앞의 과정을 통해서 벤치마킹과 데이터 확인이 끝났다면, 제목을 완성하고 글쓰기를 시도해보자. 평소 3시간 이상 걸리던 1 포스팅이 아주 넉넉히 1시간 정도면 완성되는 상황을 맞이하게 될 것이다.

5)

분량 : 500자부터 글의 근육을 늘려라

블로그 글에 진심을 담아보자

블로그를 처음 시작하려는 분들이 가장 어려워하는 것은 글을 쓰는 일이다. 글을 잘 써야 할 것 같고 길게 써야 한다고 알고 있기 때문이다. 글을 쓰는 일이 쉬운 것은 아니다. 그렇지만 300자~500자의 글이라면 어떨까, 그 정도 분량의 글이라면 비교적 마음이 한 켠 가벼워질 것이다. "500자의 글자 수 분량으로 상위 노출도 가능한가요?" 혹자는 내게 이런 질문을 할 수 있다. 나는 지금 글자 수를 인위적으로 만들지 말고 편하게 쓰라고 말하는 것이다. 반대로 "3000자의 글을 쓰면 상위 노출될까요?"라고 내가 묻는다면 당신은 답변할 수 있는가? 상위 노출에는 순서가 있다.

지금 당장 글쓰기를 힘들어하는 컨디션의 대상이라면 우선 500자까지 글쓰기를 연습하자. 그리고 500자가 익숙해지면 1000자까지 스피드와 내공을 올려보자. 이쯤 되면 어떤 이들은 이런 질문을 할 것이다. "글쓰기 연습으로 500자는 좋지만, 내용도 빈약하고 소위 상위 노출도 안 된다면 어떤 의미가 있나요"라고 말이다. 상위 노출에 대한 부분은 지금 다루지는 않겠다. 다만 500자 글이라도 진정성 있게 작성할 경우 상위 노출이 가능한 노하우를 알고 있다. 그렇다! 블로그는 사실 글을 길게 쓰는 플랫폼이 아니다.

당신은 '진정성'이라는 단어의 의미를 어떻게 이해하고 있는가? 사전적 의미를 풀이해보자. '진실하고 참된 자세로 자신의 생각과 감정을 공유하는 것'이라고 한다. 당신에게 본인의 생각을 담는 글을 쓰라고 한다면, 300자 내에서 작성이 가능할까? 아니다, 절대로 그 정도 범위에서 글을 마무리 지을 수 없다. 정성을 담는 글을 300자라는 제한된 범위에 맞추라고 하면 오히려 힘들어 할 것이다. 오히려 500자~1000자 정도의 분량이 자연스럽게 나온다. 글을 지어내는 것이 아니라 당신의 생각을 자연스럽게 기술하는 것이다. 네이버가 말하고 싶은 것이 바로 이 부분이다. 그게 블로그다.

물론 그럼에도 사람마다 표현력에 편차가 발생한다. 글 쓰는 연습과 내공을 키우는데 약 보름에서 한 달 정도 소요된다. 고객들은 호소력이 있고 전달력 있는 글을 좋아한다. 그래서 긴 글을 써봤자 광고성 글이라면 소비자들이 읽고 싶어하지 않는다는 것이다. 이와 같은 종류의 포스팅을 비즈니스 계정에서 썼다면 당연히 수익률은 기대할 수 없다. 교감할 수 없으며 거부감과 함께 이탈하게 만든다. 글자 수의 부담은 줄었으나 여전히 '정성을 담은 글'이 무엇인지 의문이 남는다. 정답을 알려주겠다. 일기처럼 쓰면 된다.

그래서 블로그가 광고 글이 되는 것이다

당신이 블로그 인플루언서로 방향을 설정했다면 정보성 글을 중심으로 포스팅을 발행해야 한다. 어차피 비즈니스 목적이 아니므로 글에는 영리를 추구하는 성격이 담기지 않는다. 누가 보아도 쉽게 공감할 수 있는 글이 되며 정보성 글이라서 유익하다. 유익한 글은 많은 수요자를 끌어 당기는 힘이 있다. 좋은 콘텐츠에 알고리즘이라는 공식을 녹이면 상위 노출이 잘되며 블로그는 금세 최적화가 될 것이다. 다만! 이것은 인플루언서에게 해당하는 말이다. 비즈니스 계정을 정보성으로 운영하려고 하면 아무리 힘을 빼도 결국 세일즈 성격을 배제할 수 없다. 당신의 속마음이 훤~히 들여다 보인다는 말이다. 결국 상업적인 글로 전락할 수밖에 없다. 그리고 비즈니스 계정은 기록하듯 콘텐츠를 생산해야 하는 것이다.

지금 당장 화려한 필력으로 긴 글을 써보고 싶을 것이다. 그러나 당신의 실력으로는 아직 500자 쓰기에도 힘에 부칠 수 있다. 그리고 내공이 부족하여 스토리텔링이 아닌 광고성 글로 변질되는 것을 피할 수 없다. 꾸준하게 작성하며 실력을 키워가자. 한 개 포스팅에 긴 글을 쓸 필요 없다고 했다. 마음을 가볍게 꾸준히 여러 개의 포스팅을 발행하자. 어느 순간 나도 모르게 1000자에 육박한 글을 가볍게 쓰게 된다.

주제와 무관하게 산으로 가는 내용이 아니라면 합격인 것이다. 그렇게 작성된 글은 고객들에게는 더욱 호소력이 있고 전달력이 좋을 수 있다. 모르시는 분들을 위해 글자 수를 체크해 보는 방법을 알려주겠다. 워드 한글 파일로도 확인이 가능하지만 더 빠르고 쉬운 방법이 있다. 네이버 검색 창에 '글자 수 세기'를 입력하고 서칭해보자.

스토리텔링 실력이 없는 사람이 글을 무조건 길게만 쓰니까 그 글이 읽기 지루하고 재미없게 되는 것이다. 스토리 라인을 만들려고 노력하라. 누구나 블로그의 스토리텔링의 실력을 만들 수 있다. 시간이 걸리고 편차가 있을 뿐이다. 지금은 실력을 쌓는 일이 무엇보다 중요하다. 그렇게 브랜딩이 되면 내가 홍보를 하려 하지 않아도 자연스럽게 수익이 발생된다. 믿기 힘들겠지만 믿고 실행해보자. 반드시 결과가 나올 것이다.

N 글자수세기

통합　VIEW　이미지　지식iN　인플루언서　동영상　쇼핑　뉴스　어학사전　지도

글자수세기

텍스트를 입력해주세요.

공백포함
0 0 byte

공백제외
0 0 byte

단축키 안내 ∨

관련　맞춤법 검사기

[네이버 검색 - 글자 수 세기]

6)

재미 : 내 이야기 하듯 편하게 써라

〈예시〉

오랜만에 만난 지인이 나의 안부를 물어온다. 나는 교육 사업으로 마케팅 강의를 하고 있다고 말했다. 지인은 관심이 있는지 구체적인 강의 성격에 대한 질문을 했다. 난 온라인 마케팅 컨설팅과 블로그를 통한 브랜딩 마케팅 그리고 알고리즘 교육이 핵심 과정이라고 알려주었다. 좋은 일을 하는 것 같고 경쟁력이 있어 보인다며 본인도 비즈니스 준비 중인데 컨설팅을 한번 도와달라고 했다. 이에 추후 미팅을 기약했다.

앞 내용을 보고 무엇이 느껴지는지 말해보자. 나의 이야기를 단지 글로 표현했다. 앞 내용에서 느껴지는 것은 지인과 대화한 내용이다. 누가 봐도 소통하고 있는 내용의 문장이지만 나는 글로써 표현한 것이다. 이렇듯 글은 마치 대화를 하듯 누군가에게 이야기를 하듯 쓰면 된다. 앞 〈예시〉에서 보신 것처럼 가족, 지인, 친구에게 이야기하듯 편하게 작성하는 방식은 누구나 충분히 할 수 있다.

소상공인, 1인 기업가 여러분들에게 질문을 드려보고 싶다. 지금 블로그 마케팅을 하고 있거나 시작해보려는 분들이 상당수일 것이다. 기존의 일반적인 기업 블로그의 운영 성격은 회사의 제품이나 회사 이야기만 했었다. 그럼 어떤 느낌의 글이 될까? 재미없고 상업적인 글 이상도 이하도 아닌 컨디션이 된다. 고객이 해당 블로그를 방문한들 아무런 재미와 공감대가 형성되지 않는다. 앞 예시 글을 보면 내 지인은 나의 비즈니스에 공감을 하고 미팅까지 약속을 했다.

현직 영화감독, 배우 그리고 'ㅇ' 프로필 사진 스튜디오를 운영하는 대표님이다. 블로그 컨설팅으로 인연이 시작되었다. 이분의 블로그를 보면 필력도 좋고 센서티브하다. 나의 코칭 방향을 상당히 부분 스펀지처럼 흡수한 결과다. 블로그 운영을 본격적으로 시작한 지 얼마 되지 않아서 일 방문자가 아직은 그렇게 많지는 않다. 그러나 조만간 최적화를 달성할 수 있는 조건은 되어 있다. 코칭을 잘 흡수하시고 블로그 글을 이야기하듯 아주 유연하게 기록한다. 심지어 필력도 좋다. 대단한 형식이나 화려함은 보이지 않는다. 그럼에도 늘 상위 랭크를 점유한다. 궁금하다면 블로그를 확인해보기 바란다.

광고 대행이 성과 내기 어려운 이유

술 한 잔 하는 자리에서 친구가 "자네 요즘 무슨 일 하는가"라는 질문에 대뜸 영업 스피치를 하는 사람은 세상에 없을 것이다. 핵심은 소통이다. 우리는 일상 속에서도 지인과 대화를 할 때 공감 포인트를 위해 어떻게 말을 걸까 고민을 할 때가 있다. 그런데 블로그의 글은 불특정 다수에게 보여지게 될 텐데 여기에는 왜 고민을 하지 않는가? 또한 벤치마킹할 자료가 부족하겠지만 고민을 어렵게 할 필요는 없다.

우선은 일상 이야기를 써보자. 단계를 밟는 것이다. 내 취미, 연인과 데이트 이야기, 가족과 함께 보낸 추억 이야기 등 우선은 그렇게 실력과 경험을 쌓자. 그러면서 자연스럽게 나의 아이템을 그 글 속에 녹여보자. 우리의 실생활에 사용되지 않는 아이템은 매우 드물다.

당신의 직업이 자동차 딜러라고 해보자. 고객이 와서 차를 마트에서 물건 구매하듯 가져가지 않는다. 출고 등록을 해야 하기 때문에 불가능하다는 표현이 더 적합할 것이다. 어쨌든 딜러는 고객의 마음을 잡기 위해 다양한 방법론을 활용한 스피치를 할 것이다. 여담도 하고 차 소개도 해주고 이러한 일련의 그림들을 글로 옮겨보는 것이다. 고객의 생각, 세일즈 과정 그리고 나라는 주체를 글로 표현하는 과정에서 퍼스널 브랜딩까지 완성된다.

블로그를 운영하는 참 많은 유저들이 위의 〈예시〉와 같은 스토리 콘텐츠를 쓸 줄 모른다. 스토리를 전개하는 블로그와 그렇지 않은 블로그는 지수 성장과 수익 전환률에 큰 차이가 발생한다. 당신이 만약 블로그에 제품 이야기만 하고 있다면 자동차를 보러 오는 고객은 없을 것이다. 대기업도 그런 식의 마케팅은 하지 않는다. 그래서 광고 대행사에 의뢰하면 속 시원한 성과를 만들지 못하는 이유이다. 광고주의 히스토리나 콘텐츠에 대한 명확한 이해 없이 마케팅을 하고 있다. 광고주도 썩 마음에 안 들지만 일단 투자를 했으니 믿어 보기로 한다. 하지만 결과가 마음에 안 든다. 당연한 현상이다. 그런 콘텐츠를 좋아하는 고객은 없기 때문이다.

1인 기업가 소상공인은 대체 아이템도 많고 고객 입장에서 선택의 폭이 매우 넓다. 그럼 경쟁력과 차별화를 위한 노력이 필요하다. 경쟁력은 아이템 군이 될 것이고 차별화는 서비스나 마케팅이 될 것이다. 이 부분을 놓친다면 평생 블로그 마케팅을 해도 언제나 그 자리에서 머물거나 반드시 한계에 봉착할 것이다. 마케팅 기획만 하기에도 바쁜 시간에 언제까지 고민하고 있을 것인가. 일상에서 고객과 소통 하듯 온라인에서도 소통하라.

7)

차별성 : 무작정 따라 하면 안 되는 이유

인플루언서들은 블로그 천재?!

기업 경영에 있어 마케팅은 떼어놓고 생각할 수 없는 필수요소다. 대기업 조차도 막대한 예산을 투영해서 자사 브랜드를 알리기 위한 마케팅에 힘을 쏟고 있다. 1인 기업이 마케팅을 안 한다면 경쟁시장에서 어떻게 버텨낼 수 없다. 이것은 누구나 알고 있는 상식 같은 부분이다. 기업의 필수 마케팅 전략 중 하나는 브랜드의 인지도를 알리는 일이다.

브랜드 마케팅에 수단으로는 유저 수요가 가장 많은 네이버 마케팅이 가장 최적화되어 있다. 대기업은 예산이나 인력이 넉넉하고 전략에도 제약이 없다. 반대로 1인 기업은 예산은 말할 것도 없고 오너가 기업 경영과 마케팅을 혼자 해내야 한다. 그래서 최소한의 비용으로 최대 효과를 노릴 수 있는 블로그 마케팅이 꼭 필요하다. 그런데 마케터가 아닌 1인 기업인이 블로그를 운영하기란 물리적으로 쉽지 않다. 마케터를 쓰자니 효과에 대한 확인이 어렵고 직접 하자니 방법이 어렵다.

그래서 블로그 운영을 고민하는 분들은 인플루언서들의 글을 벤치마킹 해본다. 그들의 글은 대체로 상위 노출이 되어 있다. 또 필력이 꽤 화려하고, 장문이며 스토리 구성이 잘 되어 있다. 우리가 인플루언서들의 글을 보는 이유는 중 하나는 글을 어떻게 쓰는지 모르기 때문이다. 벤치마킹을 하는 자세는 정말 바람직하다. 그런데 이 과정에서 우리는 큰 착각을 하게 된다. 인플루언서처럼 장문의 글을 쓰면 상위 노출이 잘 되는 줄 안다. 또한, 글을 쓸 때의 스토리 구성을 벤치마킹한 느낌을 토대로 이해를 한다. 사실 비교 자료가 없으니 보이는 데이터를 토대로 판단하는 것은 당연한 현상이다. 그러나 이것이 바로 큰 함정이다. 그런 착각은 내 머릿속에서 빨리 지워버리자. 그들의 글이 상위 노출이 가능한 이유는 장문의 필력 때문이 아니다. 수년 동안 쌓인 블로그의 '지수'가 원동력이다. 팩트를 잘못 짚었다.

특별히 대단한 노하우가 있는 게 아니라는 말이다. 물론 블로그 운영 방법에는 알고리즘이 별도로 존재한다. 블로그를 스터디해 본 사람이라면 누구나 알고 있는 정형화된 로직이라는 것이 있다. 이것을 부정하는 말이 아니다. '지수'를 방법론의 일부라고 한다면 알고리즘은 공식과 같은 것이다. 우리가 인플루언서처럼 글을 쓴다고 상위 노출이 되는 것이 아니라는 말이다. 우리가 기준을 세우지 못하는 이유는 이 로직을 잘 모르기 때문이다. 어디까지 정확한 팩트인지 체크를 해볼 수 있는 능력이 당신에게는 없다. 그게 가능한 사람이라면 이 글을 읽고 있지 않았을 것이다.

상위 노출 로직의 비밀은 콘텐츠에 숨어 있다

보통 마케터나 블로거들은 네이버 로직에 대해서 '정답을 체크하는 일은 어렵다'고 말한다. '원하는 결과를 얻었을 때'와 같은 경험을 토대로 네이버를 이해하고 있다. 이것을 우리는 '카더라 통신'이라고 부른다. 블로그 마케팅을 해본 사람이라면 이 단어를 들어본 적 있을 것이다. 다시 말하자면 상당수의 블로거들이 이 로직을 기반으로 블로그를 운영하고 있다. 그러나 모두에게 똑같은 상위 노출이라는 결과물이 허락되지는 않는다. 그럼 우리는 또 고민을 하게 된다. '이것이 전부가 아니란 말인가?' 맞다!! 사실 블로그는 결국 지수 싸움이다. 더 많은 지수를 쌓은 블로그가 '로직에 준하여 글을 썼을 때' 상위 랭크에 더 유리하다. 이것은 명확한 진리이다.

인플루언서들이 작성하는 글은 문맥이 깔끔하고 기승전결 스토리 라인을 구성을 기막히게 잘한다. 바로 여기까지가 당신이 인플루언서의 글을 보고 스터디 하는 범위로 적당하다. 그들이 스토리 라인 구성을 잘하는 이유는 어쨌거나 수년에서 십 수년간 운영을 했기 때문이다. 그 노하우와 수고는 절대로 부정해서는 안된다. 하지만 블로그 인플루언서들도 상당수가 정확한 로직을 모른다는 사실을 명심하자.

현재 나는 컨설팅을 통해 파워 블로그를 양성하고 있으며, 1인 기업 소상공인들의 공식블로그에 도움을 주고 있다. 보통 공식블로그는 회사 이야기가 콘텐츠 쌓는 식으로 게시 글이 발행된다. 다분히 상업적이고 재미없으며 상위 노출도 안 된다. 오피셜 콘셉트의 블로그이지만 소비자와 공감할 수 있는 스토리 콘텐츠 만드는 방법이 필요하다. 난 소통할 수 있는 재미 요소를 기획하고 상위 노출을 만드는 방법을 강의하고 있다. 상위 노출은 아주 쉬운 일이다. 저품질 블로그의 원인 분석과 솔루션 제시가 가능하다. 그래서 잘 나가던 블로그가 저품질 되면 해당 인플루언서들은 나를 찾아온다. 안타깝게도 저품질에 대한 명확한 솔루션이 없다는 걸 증명하는 부분이다.

블로그 인플루언서들은 스스로가 저품질에 직면하기까지 그 사실을 인정하지 않는다. 당장에 데미지를 겪지 않았으니 당연히 학습의 니즈도 못 느낀다. 그리고 프라이드 또한 매우 높다. 수년에서 수십년을 블로그를 성실하게 운영했고 덕분에 브랜드까지 형성된 인플루언서다. 본래 사람은 스스로의 약점을 쉽게 인정하려 하지 않는다. 나무랄 수는 없다. 무슨 일이든 때가 있는 법이니 말이다. 물론 아주 소수의 블로거들이나 마케터들 중에는 로직을 제대로 알고 있는 이도 있다. 다만 대한민국 상위 1%에 속한다고 분명히 말할 수 있다.

여러분들이 모르는 불편한 진실이 하나 더 있다. 네이버는 로직을 공시했다. 로직은 운영 정책과 알고리즘으로 구분되어 있다. 둘 중 하나라도 모르면 상위 노출이나 저품질 공략이 불가능하다. 운 좋게 결과를 얻는 케이스가 종종 있지만, 원인 분석을 통해 내 의지대로 결과를 만드는 것은 불가능하다. 명확한 로직은 생각보다 이치적으로 단순하며 첨단 공식으로 설계되어 있다. 당신이 네이버 유저이고 홍보활동을 하고 싶다면 먼저 네이버의 디테일을 이해하자.

대부분 유저들의 홍보만 하고 싶어하지 네이버를 분석하고 싶어하지 않는다. 바쁘다는 이유로 상황을 합리화시킨다. 물론 나도 초보 블로거 시절에는 그랬으니 이해는 한다. 그러나 앞으로는 네이버에 관심을 갖고 스터디 해보자. 상위 노출에 가장 큰 방향성은 스토리 라인을 구성하는 콘텐츠를 만드는 것이다.

BLOG MARKETING

하루 1시간만 일해도
돈 들어오는
팬덤 시스템을 구축하라

1)

20일 만에 서로이웃 1000명 만드는 특급 기술

이웃은 거부하는 것이 아니다

블로그의 다양한 기능들은 무엇이든 사용을 권장한다. 허용된 것들은 상황에 따라 유연하게 사용해도 무방하다. 다만, 굳이 의미가 없는데 상황을 만들기 위한 세팅 과정은 안 해도 된다. 우선 블로그에는 서로이웃/이웃 추가 기능이 있다. 이것을 만들어 놓은 이유는 커뮤니티를 형성하라는 의미다. 하루 30여 명씩 새로운 이웃을 추가할 수 있으며, 이웃들의 콘텐츠 성격이나 컨디션은 상관없다. 스팸이나 광고 글만 올리는 블로그를 추가해도 상관없다. 다만 내키지 않으면 안 해도 된다. 그건 본인 마음이다.

수많은 '카더라 통신' 중에 이런 말이 있다. 광고성 스팸성 계정들이 이웃 추가를 신청하면 절대로 받지 마라. 내 블로그에 악영향을 미치고 저품질을 유발시킬 수 있다. 오늘 이 순간부터 이 메시지는 당신의 머릿속에서 지우자. 당신의 생각보다 네이버의 정책이나 알고리즘은 상당히 논리적이고 합리적인 녀석이다. 정책과 알고리즘이 조금 까다로울 뿐이다. 네이버의 색깔을 이해하고 그 룰에 준하여 생각을 전환시켜보자. 또 받아들일 수만 있다면 모든 것이 이치에 맞게 보이기 시작한다. 물론 우리가 상상도 할 수 없는 범위의 알고리즘이 존재하기도 한다. 그러나 상당히 상식적으로 이해될 수 있는 범위 안에 속해 있다.

광고 계정에 대해 '이웃 추가' 찬/반 논쟁에 대해 좀 더 논리적으로 설명을 해보겠다. 실생활을 들어보면 이해가 쉬울 것이다. 당신의 집 옆에 이사를 들어오는 이웃이 있다. 보통은 누가 들어오는지 알 수 없다. 가령 성격이 까칠하거나 마음에 안 드는 성향의 이웃인 것을 우연히 알게 되었다고 해보자. 그런 상황이 마음에 안 든다고 그들이 이사 오는 것을 당신이 막을 수 있을까? 그것을 사전에 방지할 법적인 어떤 테두리도 존재하지 않는다. 논쟁의 여지가 없다는 것이다.

블로그 상위 노출로 연결되는 이웃 소통

블로그의 이웃도 마찬가지다. 상대방에 내 블로그에 와서 어뷰징 행위를 하지 않는 이상 그들은 무죄다. '어뷰징'이란 A블로그가 누군가에 의하여 기계적인 댓글 공감을 받는 행위를 말한다. 단순히 댓글 한 두개 정도가 아니라 수십~수백 개가 순식간에 달린다. 마치 오픈 카톡방에서 수백명의 회원들이 소통하는 알림을 받는 느낌이다. 처음 들어본 이들에게 잠시 부연 설명을 해보겠다. 주로 '경쟁사'가 이와 같은 행위를 하며 A를 공격하는 의도다. 그런데 이런 기계적인 행위의 흔적이 있는 계정은 네이버의 제재를 받을 수 있다. A블로그가 가만히 있었음에도 불구하고 말이다. 한순간 A의 지수가 흔들린다. 하지만 당황하지 마라. 당신이 무엇을 하려고 하면 오히려 더 위험하다. 가만히 폭풍이 지나갈 때까지 기다리면 지수는 회복되고 블로그는 평온해진다.

정리하자면 블로그 이웃은 누구라도 제한 없이 받아도 된다. 물론 이웃 추가를 하다 보면 운영이 제대로 되고 있지 않거나, 공계정이 보일 수도 있다. 광고 대행사가 작업을 위한 만든 블로그 아이디가 섞여 있을 수 있다. 이 경우는 쉽게 구분이 된다. 그게 아닌 경우는 모든 이웃을 폭넓게 수용하라. 이웃을 추가하는 행위도, 이웃을 수락하는 행위도 모두 저품질에 아무런 영향을 주지 않는다.

블로그 서로이웃 추가 1000명에 대해 혹, 블로그를 처음 시작하는 대상이라면 대단히 많아 보일 것이다. 0에서부터 시작을 해야 하기 때문이다. 그러나 조금만 생각해 보면 의외로 쉽게 해결된다. 너무 겁먹을 필요는 없다. 매일 같이 부지런히 30명 이상씩 추가한다면, 한 두 달이면 가능하다. '블로그 홈'을 통해 조금만 서칭 해보시면 다양한 주제별 블로그들을 확인할 수 있다. 공감, 댓글 소통이 잘 이루어지는 블로그를 찾아라. 블로그의 성격이나 카테고리는 중요하지 않다. 공감이 많이 찍힌 블로그를 찾아서 해당 블로그를 전부 서로이웃 추가 하자.

기계적 행위로 간주되지 않으며 SNS처럼 벤 당하는 일도 없다. 그렇게 부지런히 달려주면 자연스럽게 1,000명의 이웃이 만들어진다. 그리고 그렇게 만들어진 이웃 중에서 나와 소통하는 찐 이웃이 10~20여 명이 된다면 성공이라고 볼 수 있다. 이웃은 블로그 활성화 지수에 도움이 된다. 또 그들과의 소통하는 행위는 블로그의 상위 노출에도 큰 도움이 된다.

2)

주로 소통하는 이웃은 20명이면 충분하다

돈을 벌고 싶다면 인프라가 필요하다

현재 당신이 블로그를 운영해본 경험은 있으나 소통에 신경을 안 썼다면 알 수 없는 것이 있다. 현재 당신은 블로그 초보자다. 이웃은 블로그라는 마케팅 채널 키우는데 생각보다 대단한 영향력을 미친다. 소통의 기본 원리는 SNS와 동일하다. 소통은 계정을 활성화시키고 상위 노출되는 데 결정적인 역할을 하기도 한다. 이 사실을 모르기에 블로그 운영자들이 소통에 대한 관심이 부족하다.

나는 강의에서 교육생 분들에 하루 30명~50명 정도의 이웃을 추가시키라는 미션을 제시한다. 더불어 블로그 서로이웃들과의 소통이 중요하므로 귀찮아하지 말라는 조언을 한다. 그런데 이건 비단 현실의 인간관계에서도 좋은 본보기를 엿볼 수 있다. 사람 관리를 잘하는 사람은 어디가서나 좋은 평을 받는다. 하물며 사업을 하는 사람이라면 고객 관리는 매우 중요하다. 고객을 어떻게 관리하느냐에 따라 사업 성장의 속도가 달라진다. 당신이 비즈니스를 하는 사람이다. 당신의 콘텐츠나 아이템을 구매하는 고객이 있다면 그들을 무시하고 장사를 할 수 없다.

A블로거가 약 100명의 불특정 다수에게 이웃 신청, 공감, 댓글 등의 소통을 시도했을 때 돌아오는 반응은 통상 10명 안팎이 된다. 믿지 못하겠다면 직접 해보라. 인사이트는 금방 확인될 것이다. 블로그를 처음 시작하는 사람이 열정이 떨어지는 이유가 여기에 있다. 글쓰기도 쉬운 게 아닌데, 이웃에게 뿌린 만큼의 무언가 눈에 보이는 돌아오는 것이 없기 때문이다. 그런데 사업도 마찬가지 아닐까? 전단지를 제작해서 1000명에서 뿌렸다고 해보자. 전단지는 보통 상당수가 길거리나 쓰레기통에 버려진다. 1000장으로 매출을 올린다는 기대는 버려라. 결국 꾸준하고 성실한 자세가 해답이다. 수고가 없는 대가는 없다.

그에 반하여 유튜브나 인스타는 어떤지 보자. 한번이라도 운영해본 사람이라면 알 것이다. 계정의 주인과 팔로워들의 관계쉽은 매우 친밀하다. 특히 인스타그램은 소통을 안 하면 때때로 팔로워가 끊어지는 현상이 발생되기도 한다. 팔로워란 블로그로 이해를 돕자면 나를 '서로이웃' 해준 이웃들을 말한다. 당신이 연예인이나 공인이라면 그들은 쉽게 팬덤으로 형성되기도 한다. 그만큼 관계쉽 잘 이뤄지는 마케팅 채널에서는 이웃 관리에 소홀하게 되면 즉시 티가 나게 된다. 물론 그만큼 팔로워 관리는 녹록지 않다. SNS는 말 그대로 인적 네트워크 관계가 매우 탄탄하게 구축되어야만 유지될 수 있는 채널이다. 하지만 블로그는 서로이웃이 끊기는 일은 거의 발생되지 않는다. 관계쉽이 관대하며 즉시 반응하지 않으므로 시간의 흐름 속에 '망각'을 하기도 한다. 장점이라면 장점일 수도 있겠다.

인간은 망각의 동물이다 - 독일의 시인, 철학자 니체

블로그 운영 경험이 없어도 된다. 초보자여도 상관없다. 일단 미션 1천 명의 이웃을 달성했다면 찐팬(서로이웃)이 생겼을 것이다. 통상 100명의 서로이웃 신청을 하게 되면 약 5명 안팎의 찐 이웃이 발생된다. 당신의 콘텐츠가 좋거나 그냥 소통이 좋거나 또는 신생아 계정일 것이다. 이유는 다양하다. 편차는 발생하겠지만 곧 20명~30명의 꾸준히 내 블로그를 찾아주는 팬이 발생된다. 이들은 나의 애정 이웃이 될 것이고 내가 블로그를 떠나지 않는 이상 언제까지나 나와의 관계쉽이 유지되는 반영구이웃이다. 혹시 하루에 20명 정도도 관리하기가 힘들다면 당신은 온라인 마케팅을 다시 생각해보기 바란다.

우리가 블로그를 하는 이유는 간단하다. 마케팅 때문이다. 어떤 이들은 블로그가 저품질이 되는 원인 중 하나가 광고 글이 심해서가 아닐까라는 질문을 하기도 한다. 그렇지않다. 블로그는 마케팅을 하는 공간이다. 개인의 퍼스널 브랜딩 또는 기업을 위한 1인 기업 브랜딩에 최적화된 홍보 수단이다. 어떤 비즈니스를 홍보하기 위한 수단으로 대부분 사용하고 있다. 저품질 관련 근거 내용은 따로 이야기하겠다.

당신의 브랜드를 지금은 세상이 알지 못한다고 해서 안일한 자세로 있으면 안된다. 꾸준히 마케팅을 실천한다면 의외로 빠른 시간 내에 나를 알리는 계기가 온다. 지금의 인지도 없는 브랜드 컨디션은 중요하지 않다. 언제까지 그 자리에 머물러 있을 것 같은가?! 성실하게 꾸준히 블로그를 운영한다면 블로그 최적화 달성까지 1년이 걸리지 않는다. 준 최적화 상태는 1~2개월여 정도에도 가능하다. 기회는 준비된 자가 잡을 수 있다. 참고로 블로그 인플루언서는 최적화가 아니어도 진입 가능하다. 개인 블로그가 일정 조건을 갖추고 네이버에 신청해서 승인을 받으면 된다.

아무것도 하지 않으면 아무 일도 일어나지 않는다. 긍정적인 희망을 가지고 실행하라. 가까운 미래에 어느덧, 내 블로그에 일 방문자가 1천 명 이상 '방문자'가 유입되는 날이 온다. 그때가 되면 상상을 초월하는 댓글들이 달아지게 된다. 과거 파워 블로그를 할 때 하루 50개 이상의 댓글 관리에 바빴던 기억이 있다.

내 가족 같은 지금의 20명의 댓글도 관리하지 못하는 사람이 과연 블로그 인플루언서의 위치가 가당키나 할까? 지금의 실천이 가까운 미래에 당신에게 수익을 안겨 줄 수 있다고 확신한다면 안하겠는가? 한 달간 서로이웃 1천 명 세팅하는 수고는 어떻게 보면 너무 쉬운 일이다. 사실 이웃은 많으면 많을수록 좋다. 이 미션은 최소한이다. 20개의 댓글에 나의 대댓글이 포함되어 총 40개만 만들어도 블로그의 지수가 상승하고 활성화 지수도 좋아진다. 활성화 지수는 해당 포스팅이 상위 노출하는 데 큰 도움을 주기도 한다. 당신이 좋은 콘텐츠를 기록하면서, 진정성 있는 이웃 소통을 성실하게 하는 것이 최적화 블로그까지의 지름길이다. 언제든지 가능하다는 말이다. 모든 인플루언서들이 그렇게 만들어진 것이다.

3)

하루 10분, 인플루언서는 커뮤니티 관리를 잘한다

계산기를 두드리는 순간, 추락한다.

온라인 마케팅은 다른 말로 SNS라고 칭하기도 한다. SNS란 Social Network Service 웹 상에서 인적 네트워크를 형성한다는 의미이다. 혹 SNS는 인스타그램 페이스북 같은 앱 서비스만을 가리킨다고 생각한다면 큰 착각이다. SNS를 '앱 서비스'라고 누가 정의했는가? 당신의 편견이고 고정 관념이다. 대면 강의를 할 때 블로그 역시 소통하는 관계 지향 오픈 커뮤니티 채널이라고 강조한다. 블로그가 관계 지향 커뮤니티라는 말에 동의하는 분들보다는 의아해 할 분들이 많을 수 있다. 직접 블로그를 운영해본 일 없이 항상 광고 대행사에 블로그 운영 대행을 전달만 했다면 더욱 그럴 수 있다.

"블로그는 소통하는 채널이다" 이것은 나의 개인적인 견해가 아니다. 네이버가 말했다. 블로그 마케팅의 기본 방향은 브랜딩이고 소비자와의 소통이라고 말이다. 당신이 돈을 벌 수 있는 이유는 결국 소비자 때문이다. 그들이 또한 팬덤이 되어 재구매를 해줘야 사업을 오래할 수 있다. 그들을 무시한다면 어떤 비즈니스도 성공할 수 없다. 펜덤은 커뮤니티 구성원을 말한다. 커뮤니티는 모든 구성원은 공평한 기회로 소통하게 된다. 이용 가치가 아닌, 그들과 상부상조하며 더불어 살아가는 모습을 지향해야 한다. 그런데 만약 당신이 커뮤니티를 통해 영리를 지나치게 추구한다면 그들은 바로 알아차린다. 당신은 팬덤이 날아가는 순간 '아무것도 아닌 존재'가 될 수 있다. 그들을 소중하게 여기고 진정성 있게 대하라. 상부상조하며 같은 꿈이나 미래를 그리는 동료로 대하라. 그렇지 않고 계산기를 두드리는 순간!! 당신의 인계점은 여기서 끝난다!

그리고 시간 관리는 자기 관리만큼이나 매우 중요하다. 시간을 잘 다스리는 사람은 약속에 늦는 일이 없으며 일 처리도 깔끔하다. 스스로의 시간을 얼마나 효율적이고 철저하게 보내고 있는지 점검해보자. 나 역시 항상 하루의 일과를 미리 계획하지만 모든 일이 뜻대로 되지는 않는다. 스스로의 의지를 다스리고 일에 우선 순위를 두고 실행에 옮겨라.

당신에게 하루 10분~15분 투자만으로 할 수 있는 일이 있다면 절대로 미루지 마라. 이것은 시간 관리의 문제이다. 분주 병에 걸려 그 일을 미룬다는 것은 당신이 절대 게으르다는 증거다. 후회할 일은 절대 만드는 않는 것이 자기 관리다. 특히 커뮤니티에 있어서는 필수 덕목이다. 시행착오는 있을 수 있으나 결코 반복되어서는 안 된다.

하루 종일 시간이 정말 없었다고 말하는 사람이 있다. 상대적인 입장으로 생각한다면, 세상에서 본인만큼 바쁜 사람이 없다. 시간을 리딩할 줄 모르는 사람들의 흔한 핑계이기는 하지만 인정해주겠다. 그럼 하루의 일과를 모두 마치고 잠자리에 들기 전 10분은 어떨까? 10분을 더 늦게 잔다고 당신의 삶이 크게 달라지지 않는다. 10분을 더 일찍 잔다고 해서 당신이 삶이 윤택해 지지 않는다는 말이다. 그 10분을 양보하기 힘들다면 그것도 본인의 선택이지만 블로그 활성화에는 난항이 있을 것이다.

성실한 사람들은 돈을 번다

지금 당신은 마케팅에 니즈가 있는 1인 기업가다. 그렇다면 생각만 하고 실행이 없어서는 안된다. 1인 기업가는 특히 자사를 알리는 브랜드 마케팅이 절실한 입장이다. 어제도 오늘도 내일도 경쟁사들은 모두 치열하게 달리고 있다. 블로그 마케팅을 하자라는 목표가 생겼다면, 꾸준한 이웃 관리 활동을 실행해야 한다.

스 댓 공(스크랩, 댓글, 공감의 준말) 품앗이는 커뮤니티 간의 소통의 역할을 뜻한다. 단기간에 어떤 기가 막힌 결과물이 발생되지는 않는다. 그러나 인내심을 갖고 꾸준히 활동한다면 나와 찐 소통을 하는 이웃이 생기는 것은 오래 걸리지 않는다. 귀찮겠지만 믿고 실행해보자. 만약 당신이 블로그 운영을 통해서 매출이 당장 3배~5배가 오를 것이라는 확신이 있다면 그래도 안 하겠는가! 소통하라. 당신의 시간을 최대한 할애하여 이웃 블로그와 친목을 다지고 상부상조하라. 당신이 귀찮아하면 그들도 당신의 블로그에 방문하는 것을 귀찮아한다. 당신의 기분은 댓글 소통 속에서 모두 티가 난다. 네이버가 블로그라는 서비스를 개발한 궁극적인 방향은 소통이며 브랜딩이다. 이점을 각성하고 꾸준히 운영한다면 당신의 블로그는 머지않아. 최적화라는 컨디션을 달성하게 될 것이다.

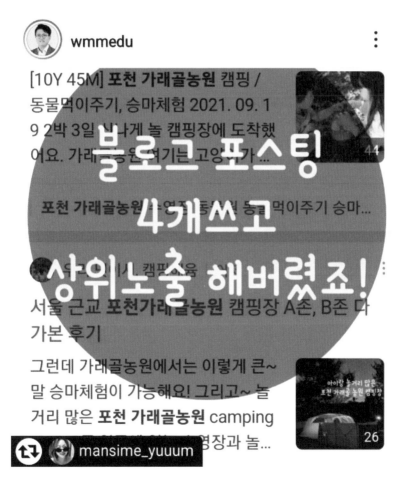

품앗이는 블로그의 활성화와 최적화 그리고 포스팅의 랭킹까지 영향을 준다. 이것은 블로그의 알고리즘이며 믿을 수 없겠지만 사실이다. 위 소개하는 이미지는 인스타그램 리그램 화면이다. 아카데미 수강생 중 한 분이다. 아이디 'yuuum'님은 스포츠, 취미 관련 여행 블로그 인플루언서이다. 강의를 듣고 단 4회 포스팅 발행 만에 상위 노출을 점유했다. 그녀는 포스팅에도 정성을 다하지만 품앗이도 정말 열심히 하고 있다. 상위 랭크를 위한 원동력이 무엇이었는지를 증명하는 좋은 사례다.

나의 수강생분들은 전반적으로 인스타그램을 다 하고 있다. 마케팅에 관심이 많은 분들이니 당연한 이야기다. 모두들 강의를 듣기 전까지 블로그가 너무 어렵다는 입장이었다. 그래서 상대적으로 운영이 쉬워 보이는 인스타그램을 한다. 다만, 블로그에는 여전히 아쉬움이 가득한 상태다. 이런 분들과 인연이 되면 컨설팅을 통해 용기와 솔루션을 제시하고 있다. 덕분에 컨설팅은 받은 분들은 인스타그램, 블로그를 모두 섭렵할 수 있어서 브랜딩에 매우 유리한 입장이 된다.

위 사례를 통해 당신은 겨우 하루 10분의 투자가 만들어 낼 수 있는 결과를 확인했다. 이 사실이 환기되었음에도 당신이 실천하지 않는다면 마케팅을 할 자격이 없다. 도대체 비즈니스 하는 사람이 돈 버는 일 말고 더 중요한 것이 무엇이란 말인가. 당신이 하는 모든 일은 분명히 모두 중요할 것이다. 사람이 하루에 할 수 있는 업무량은 정해져 있다. 당신은 근로자가 아니다. 그렇다면 시간을 리딩하고 스스로가 미션을 완수해야 한다. 지금은 비즈니스를 키우고 있지만 나아가 블로그 인플루언서의 기회가 오기도 할 것이다. 그때가 되면 상상도 하지 못했던 수익화와 파이프라인이 구축될 것이다. 당신의 10분은 그때를 대비하여 트레이닝 되는 과정이다. 아까워하지 말고 투자하라.

4)

6개월 만에 일 방문자 1000명 만드는 이웃 관리 비법

사용자 키워드 연구, 인플루언서의 지름길

하루의 방문자가 500명 이상이 되었다면 '최적화 블로그'로 성장했음을 뜻한다. 방문자가 1000명이 안 되었어도 최적화 컨디션이라고 보면 된다. 정도의 차이가 있을 뿐이다. 정도의 차이라는 말의 이해가 어렵다면 축구를 예를 들어주겠다.

대한민국 축구 국가대표 선수들이 11명이지만 각자의 기량에 편차가 있듯이 블로그도 마찬가지다. 최적화 컨디션을 달성한 블로그들의 삶이

나 수익 구조는 '제3법칙' 전후로 충분히 설명되어 있다. 하루에 방문자 1천 명은 메이저급 블로그에 속한다. 과거 2010년경에는 누구나 쉽게 달성하는 위치였지만, 지금은 녹록지 않다. 블로그 초보자들을 위해 잠시 부연 설명을 하겠다.

잠시 역사를 거들러 2012년 이전을 상기해보겠다. 이 당시만 해도 블로그 최적화란 대수롭지 않은 위치였다. '45일의 마법'이라고 부르기도 했다. 약 2개월만 잘 운영해주면 최적화 블로그라는 포지션은 누구나 도달할 수 있는 상황이었다. 그럼에도 불구하고 하루 방문자 1000명을 넘기면 발생되는 수익화는 결코 무시할 수 있는 규모가 아니었다. '글 좀 쓴다, 로직 좀 안다'하는 사람이면 길게 잡아도 2개월이면 목표에 골인할 수 있었다.

그러나 2015년경 전후로 네이버의 로직이 변화를 맞이하면서 블로그들은 총체적인 난국을 맞이했다. 소위 '저품질 대란'이라는 현상에 직면하면서 많은 블로그들이 이용 제한을 당했다. 덕분에 새로 키우는 블로그 또는 초보 블로그들은 로직의 변화를 맞이하여 45일의 마법이 사실상 의미 없게 되어 버린 것이다. 한번쯤은 최적화 블로그를 보유해보고 싶었던 유저들에게는 기약 없는 희망사항으로 전락해 버렸다. 룰이라는 것을 무시한 채 무한한 자유로움을 누렸던 대가 지불을 톡톡히 받은 것이다. 결국 최적화를 이룩하기 위한 진입장벽이 너무 높아진 것이다.

지금은 전략적으로 운영하지 않으면 일반인들의 글은 상위 노출을 재연하기도 힘든 상황이다. 그러나 안 된다고 생각하면 안 되지만, 된다고 생각하면 안 될 일도 이룰 수 있다. 중요한 것은 전략이다. 대부분 사람들은 블로그가 홍보 채널이라고만 이해하고 있다. '블로그의 성격을 뭔지 아느냐'고 물으면 아는 사람이 별로 없다. 스스로가 그런 상태로 운영하고 있다는 생각해본 적 없는가? 블로그 운영에 있어서 가장 중요한 것은 스토리 마케팅이다. 이것이 본체다.

특히 당신이 1인 기업가이고 비즈니스를 하는 사람이라면 상위 노출에 욕심을 내지 말고 스토리텔링에 욕심을 갖길 바란다. 사업 성장을 위해 상위 노출은 당연히 중요하다. 그러나 상위 1등을 점유하고 있어도 읽고 싶지 않은 글이라면, 사람들은 반응하지 않는다.

이유를 알려주겠다. 일반 블로그 유저들은 즐기면서 소소하게 이야기하듯 글을 쓴다. 그러나 당신은 돈을 벌기 위한 목적으로 글을 쓴다. 여기서 발생되는 차이는 힘이 들어간다는 것이다. 본인은 스토리를 쓴다고 썼지만 저도 모르게 홍보하고 싶은 욕구가 글이 반영된다. 그럼 결국 고객 입장에서 볼 때는 광고로 인식된다는 말이다. 무조건 노출된다고 해서 매출로 연결되지 않는 이유가 여기에 있다. 그래서 일부러 수강생들에게 포인트는 살리되 일기처럼 작성하라는 트레이닝 전략을 사용하고 있다. 그리고 우리가 흔히 알고있는 대표 키워드를 공략하기보다는 '사용자 키워드'를 공략하자.

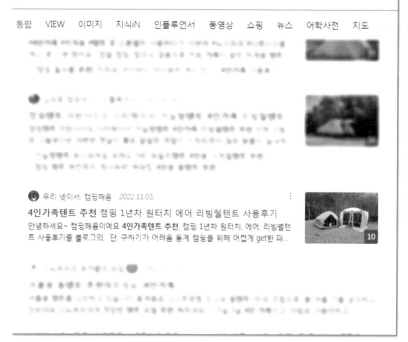

위 이미지는 '4인 가족 텐트 추천' 키워드로 작성된 주제의 포스팅이다. 검색 쿼리는 낮지만 상위 노출이 되어 있다. 위 블로그는 저 포스팅 건으로 인하여 당일 방문 유입자가 평소보다 200명을 초과했다. 만약 당신의 블로그가 하루 300명 유입되는 컨디션인데 텐트 하나로 500명을 넘겼다면 기분이 어떨까? 가능성을 보았기 때문에 마음이 설레어 잠을 설치게 될 것이다.

당신이 펜션을 운영하는 사장님이라고 해보자. 펜션이 밀집되어 있는 지역은 대한민국에 포천 강원도 남양주 등 3~4개 지역이 있다. '포천 펜션, 강원도 펜션'으로 공략할 수 있다면 가장 좋겠지만 아직 당신의 블로그 지수는 낮다. 마케팅에 니즈를 가지고 블로그를 운영한 지 얼마 안 된 상황일 것이다. 그렇다면 전략을 바꿔야 한다. 마케터들이 말하는 대표 키워드가 아니라 '포천 커플 펜션 추천', '강원도 분위기 좋은 펜션 추천' 이런 식으로 방향을 잡아보자. 일반적이지 않은 솔루션이겠지만 분명 효과가 있을 것이다.

의외로 이런 키워드가 소비자들이 검색하는 사용자 키워드다. 나 역시 가족들과 여행을 계획할 때 검색 키워드를 4인 가족 스파 펜션으로 상세하게 검색한다. 핵심 키워드를 활용한 상위 노출 마케팅만 정답이 아니라는 말이다. 생각의 전환이 필요하다. 책에서 앞서 제시한 미션, 서로이웃 1천 명을 만들었다면 좀 더 활성화 더욱 화력이 붙을 수 있다. 이웃 신청만 해 놓고 방치하지 말고 그들과도 찐 소통을 하라.

분명 20~30명은 당신과의 관계쉽을 원할 것이다. 대신 당신이 찾아오지 않는다면 그들도 오지 않는다. 커뮤니티의 핵심을 이해하고 그들에게 시간을 투자하라. 그렇게 온라인 초기 팬덤을 형성시켜라. 그들은 장차 하루 당신이 방문자 1,000명이 유입되는 블로그로 성장하는 데에 초석이 될 귀한 이웃들이다.

정리하겠다. 사용자 키워드, 이웃 활성화 그리고 성실한 포스팅을 게을리하지 마라. 그럼 결과는 반드시 나온다. 상대적으로 다른 SNS 채널에 비하여 블로그의 성장과 활성화는 속도가 매우 빠르다. 블로그는 수학 공식에 의하여 운영된다. 카더라 따위는 없다. 그리고 브랜드 마케팅이 최적화되어 있다. 그래서 블로그 마케팅이 1인 기업이 기반을 잡는 데 유리한 마케팅 전략인 것이다.

5)

팬덤을 만들면 23시간 놀면서 돈 벌 수 있다

브랜딩을 만들면 내 삶을 리딩할 수 있다

누구나 쉽게 돈을 벌 수 있다. 1달 만에 누구나 100만 원이 넘는 수익이 가능하다라는 광고를 본 적 있을 것이다. 지금 당신의 지인 및 주변 인물 중에 월 100만 원은 쉽게 버는 사람이 없을 것이다. 상황에 따라 유연성은 있겠지만, 당신은 동의할 것이다. 위 광고 카피는 모두에게 통용되는 사실이 아님이 증명되는 순간이다. 흑백논리가 아니라 현실적인 이야기를 말하고 있다. 그럴싸한 카피라이팅으로 유혹하는 마케팅을 많이 보앗겠지만 세상에 공짜는 없다. 말 그대로 광고다. 그만한 대가 지불 없이 돈을 벌 수 있는 수단은 이 세상에 존재하지 않는다.

잘 만든 블로그의 온라인 수익 구조는 상상을 초월한다. 팩트이지만 나는 '쉽다'라고 말하지 않는다. 수익화 시스템을 구축하기 위한 과정으로 기술의 습득이나 세팅이 필요할 것이다. 절대로 하루 이틀에 이뤄지지 않는다. 어떤 기술을 당신의 것으로 만들려면 대가가 필요하다. 1인 기업가에게 그 대가란 알고리즘에 대한 이해와 더불어 퍼스널 브랜딩이다.

닉네임이나 이름만 대면 모두가 알 법한 파워 블로거, 인플루언서, 유튜버들이 있다. 언젠가 어느 유튜버가 SBS TV 프로그램 〈그것이 알고싶다〉를 통해 인터뷰한 내용이 기억이 난다. 본인의 수익을 공개했다. 팩트인지는 알 수 없지만 그는 업계에서 꽤 유명한 유튜버. 그런데 그가 인터뷰에서 말하는 결론은 그랬다. "유튜브를 운영한 이력이 10년이다, 지금은 연 수익이 나는 자랑스럽지는 않다. 이 정도 볼륨을 만든 지 몇 년 안 되었다. 지난 10년의 세월에 비하면 턱없이 마이너스인 셈이다"라고 말했다. 위 유튜버는 지금 당장 연 1억의 수익을 벌고 있다. 그러나 지난 7~8년을 기복이 심하고 넉넉지 않은 수익으로 배고픈 삶을 살았다고 했다. 약 10년의 시간, 당신은 그 시간 가치에 투자할 용기가 있는지 생각해보사.

나는 작년에 코로나를 앓으며 h 알바 사이트를 알아본 경험이 있다. 당시까지는 종합 광고 대행을 프리랜서를 하고 있었고, 공식적인 블로그 강사 활동을 안 하고 있었다. 어쨌든 오프라인 활동이 완전히 단절되었다. 사람마다 편차가 있지만 당시 나는 코로나를 심하게 앓았다. 그래서 온라인 수익화 활동을 필요했던 상황이었다. 현재는 온라인강의나 인세 수익 등이 예정되어 있다. 그래서 어떤 상황이 오더라도 굳이 소일거리는 필요 없는 입장이다.

해당 온라인 알바 사이트는 회비가 필요하다. 모 광고 대행사가 만든 플랫폼으로 회비를 납부하면 가입과 동시에 담당 멘토가 지정된다. 회비는 광고 대행사와 멘토가 수익 쉐어를 하는 방식이다. 그리고 회원은 기자단 콘셉트의 소일거리 업무를 받아 블로그 수익화를 시작한다 그런데 조건이 하나 더 있다. 하고 싶은 업무 범위에 따라 회비의 규모가 다르다. 그러나 제대로 수익화를 달성하려면 나도 멘토가 되어 멘티를 리쿠르팅 해야 한다. 만족할 만한 수익을 만들려면 여기까지 조건을 맞춰야 한다. 마치 다단계처럼 말이다.

다른 이야기를 해보겠다. 당신에게 월 천만 원을 벌 기회가 생겼다. 매달 고정으로 수익을 벌 수 있다. 여기까지는 참 반가운 이야기일 것이다. 그런데 하루 15시간 이상을 일해야 된다. 그것도 반영구적으로 말이다. 감당할 자신이 있는가? 글쎄 한 10년 뒤에는 그동안 바이럴한 것으로 인해서 조금은 편하게 일할 수 있을지 모르겠다.

컨설팅을 받는 분들에게 항상 이런 이야기는 남긴다. 하루 4시간 정도 일하고 월 천 벌 수 있는 구조를 만들라고 말이다. 가능하다. 당신이 이와 같은 수익 구조를 만들지 못하는 이유는 간단하다. 방법을 모르기 때문이다. 물론 사람마다 가치관은 다를 것이다. 하지만 장담하건데, 돈에 욕심이 없는 사람은 없다. 당신이 돈에 욕심이 정말로 없는 사람이라면 지금 하는 일을 당장 그만둬라. 그럴 수 없다면 상황은 핑계이고 당신은 욕심이 있는 사람이다. 정도의 차이가 있을 뿐이다.

소상공인이지만 기억나게 만들어라

지금 당신의 하루는 매우 바쁘다. 1인 기업이거나 소상공인이라 일손은 부족한데 할 일은 많다. 일을 대신해주거나 함께할 동료나 직원은 없다. 일손을 구하려면 결국 비용 투자가 필요하며 기술을 전수할 여력도 없는 현실이다. 아직은 수익 셰어를 할 만큼 큰 돈을 벌어보지 못했으니 내 코가 석자다. 나도 잘 알고 있는 사실이다.

그런데 언제까지 그렇게 일을 할 수는 없다. 당신은 어떤 마인드를 갖고 있는지 궁금하다. 수고한 만큼 정직하게 버는 게 맞다고 생각한다면 그것도 맞는 방법이다. 그런데 영원히 수고 하고 싶지 않다면 방법을 조금 바꿔보자. 당신의 브랜드를 성장시켜보는 것이다. 지금은 온라인 콘텐츠의 발달로 퍼스널 브랜딩을 빠르게 성공할 수 있는 시대다. 덕분에 젊은 나이에 일찍 성공하는 사람들이 적잖다.

당신의 아이템을 A라고 해보자. 대한민국에 A아이템을 유통하는 1인 기업, 소상공인은 정말 많을 것이다. 만약 당신의 지인이 A아이템을 판매하는 업체를 물어본다면 당장 떠오르는 브랜드가 없을 것이다. 그 수많은 브랜드 가운데 어떤 회사도 기억되기 힘들다. 실력이 인정되었거나 그만큼 세상이 알아주는 브랜딩이 된 기업이 없다는 얘기다. 당신도 크게 다르지 않다. 여기서 대기업은 굳이 거론할 필요가 없겠다.

그러나 만약 퍼스널 브랜딩이 성공하면 어떤 변화가 당신에게 찾아올지 상상해보자. 팬덤이 생긴다. 그 펜덤이 내가 될 수도 있고 불특정 다수가 될 수 있다. 중요한 사실은 단순히 소개를 발생시키는 인프라 수준이 아니라는 말이다. 즉, 당신의 기업이 떠오르게 만들어야 한다. 마치 스마트폰 하면 S기업이 떠오르듯이 말이다.

과거의 방식은 어떤 식이었나? 오프라인에서 지역 이웃 주민들에게 인지도가 형성되는 정도의 브랜딩이 전부였다. 온라인의 발달이 약했고 물리적인 제약이 있었지만 지금은 다르다. 시대의 트렌드를 읽고 학습하고 비전을 품어보자. 온라인세상에 적응하고 브랜드 마케팅을 전략적으로 실행해보자. 삽시간에 전국에서 당신의 브랜드를 알아주게 될 것이다. 이와 같은 방식이 성공한다면 당신은 또 다른 비즈니스를 그려볼 수 있다. 또 여력이 된다면 부가 수익 구조를 창출할 수 있다.

여기까지 완성했다면 당신의 업무시간과 리소스는 크게 줄어들 것이다. 현재 하루 몇 시간을 일하고 있는지 질문하고 싶다. 만약 국민 브랜드가 된다면 남은 시간을 어떻게 쓸까? 행복한 고민이다. 단순히 유희만은 즐기며 살지는 않을 것이다. 이건 로또가 아니다. 남이 만들어주는 공짜 같은 서비스 개념이 아니다. 당신이 수고했고 그 대가로 만끽하는 시간이다. 그렇다면 시간의 가치는 매우 소중하다. 더 나은 미래를 위해 지금부터 생각해보자. 목표가 정하고 로드맵을 명확히 설계하면 그 시간은 생각보다 빠르게 찾아온다.

BLOG MARKETING

블로그
상위 노출,
네이버를 잡아라

1)

키워드(단어)의 개념부터 이해하라

마케팅 성공하려면 키워드부터 정복하자

영어로 'keyword' 한글로는 '단어'라고 쓴다. 단순하게 생각하자. 당신이 머릿속에서 알고 있는 명사, 형용사 의미의 모든 단어는 네이버에서 '키워드'라고 칭한다. 우리가 원하는 정보를 단어 또는 어구로 인터넷상에 검색을 한다.

이때 네이버는 당신이 원하는 모든 정보를 스캔해서 보여준다. 이 기능을 '검색 엔진' 시스템이라고 부른다. 대한민국의 인터넷 포털서비스가운데 검색 엔진 시스템을 탑재한 것은 네이버가 유일하다. 네이버 카페 블로그 지식인 쇼핑 검색 광고 할 것 없이 모두 보여준다.

[2023년 1월 실시간 검색 반영 화면]

'신사동 A카페'를 검색해 본다고 해보자. 이해를 돕기 위한 키워드 관련 실시간 검색 반영 화면을 〈예시〉로 들어본다. 우리가 발행하는 블로그 포스팅은 모두 VIEW라는 카테고리에서 검색 반영된다. 인플루언서를 포함하여 다양한 블로그가 노출되어 있다. 여기서 재미있는 사실을 한가지 알려주겠다. 위 블로그들은 마케팅의 결과물이다. 이미 고객의 행동 패턴을 예측하고 신사동 A카페의 오너가 마케팅을 해 놓았다는 이야기다. 당연히 당신은 A카페가 진행한 블로그 마케팅을 통해 위치 정보를 확인하고 그곳에 방문하게 된다. 비단 당신뿐 아니라 많은 고객들이 벌써 방문을 했을 것이다. 카페 입장에서 본다면 마케팅에 비용과 시간을 투자했으니 결과가 나오는 것은 이치에 합당하다. 그리고 카페 매출이 성공적으로 상승했다면 A카페는 블로그를 활용한 마케팅 전략에 성공했다 볼 수 있다.

키워드를 많은 분들이 어렵게 생각한다. 쉽게 생각하자. 당신이 평소 네이버에 검색하고 있는 모든 단어가 키워드에 해당한다. 광고 회사나 마케터가 말하는 함축적인 대표 키워드라는 용어에 너무 얽매일 필요가 없다. 블로그는 꾸준함이 필요하다. 1건의 게시글로 끝내겠다면 시작하지 마라. 그렇지 않다면 키워드를 다양하게 활용할 다량의 포스팅의 여지는 무한하다. 겁먹지 말고 유연성을 갖고 우선 다양한 제목을 설정해 보자.

앞서 네이버는 검색 엔진이라고 말했다. 누구나 원하는 최신의 원하는 정보를 검색해 볼 수 있다. 다만, 최신 정보라고 해서 어제 오늘 게시한 콘텐츠를 바로 보여주는 것은 아니다. 오늘 날짜를 기준으로 최근에 올린 상당히 괜찮은 양질의 콘텐츠를 검색 반영해준다. 한국 사람들은 PC 나 모바일의 인터넷을 통해 키워드(단어나 어구)를 통해서 자료를 검색 하고 있다. 중요한 것은 본인들이 사용하고 있는 시스템이 검색 엔진이 라는 사실을 인지하지 못하고 있다는 것이다. 정확한 의미를 아는 것과 관계없이 일상 속에서 인터넷을 통하여 원하는 정보를 찾고 있다. 키워 드는 검색 엔진 때문에 의미가 있는 것이다.

네이버의 모든 시스템은 일맥상통한다. 지식인, 카페, 블로그, 스마트 스토어 등… 제목의 패턴이 중요하다. '신사동 분위기 좋은 루프탑 카페' 제목을 이렇게 썼다고 해보자. 보통은 대표 키워드를 '신사동 카페'라고 함축적인 언어로만 생각한다. 그래서 '신사동 카페 분위기 좋은 루프탑 카페'라고 짓기도 하는데 꼭 그럴 필요는 없다. 신사동 분위기 좋은 카페 라고 검색하는 사용자들에 대한 경우의 수를 무시할 수 없기 때문이다. 위 블로그 유저는 왜 키워드를 저렇게 썼을까, 다 이유가 있다는 것이다.

핵심이 되는 키워드는 반드시 제목의 서두에 배치시킨다. 그럼 검색 노출에 유리하다. 그리고 반드시 본문에 몇 회를 더 반복시킨다. 그리고 마지막으로 #태그에 넣어준다. 그럼 네이버 ai가 해당 포스팅의 검색 키 워드가 무엇인지 인지하고 검색 반영을 제공한다. 위 3가지 미션을 성실 히 수행하자. 그럼 생각보다 초보자를 위한 기본 공식은 그리 어렵지않 다.

지금 배가 고프다면 맛집을, 여행을 가고 싶다면 여행사나 여행 코스에 대한 정보를 찾아 볼 수 있다. 또 여성들은 인기 있는 드라마 속 여주인공의 쥬얼리를 눈여겨 보고 배우의 이름을 검색한다. 스마트폰과 인터넷의 발달로 발로 뛰며 정보를 알아보는 시대는 사라진 지 오래다. 결국 트렌드에 뒤처져서 온라인 마케팅 구축이 안 되어 있는 브랜드는 긍정적인 시너지를 기대할 수 없다. 고객들의 행동 패턴은 갈수록 스마트폰에 최적화되어 가고 있다. 소비자처럼 생각하라. 그럼 당신의 마케팅은 성과를 맛볼 것이며 국민 브랜드가 될 수 있다.

2)

사용자 키워드 vs 소비자 키워드

소비자 입장의 콘텐츠 만들어본 적?

여러분들은 앞의 소주제를 통해 키워드의 개념이 무엇인지 충분히 들었다. 그래서 이해가 다 되었으면 얼마나 좋을까. 아무도 고민하지 않기를 바라지만, 여전히 막막할 것이다. 나는 어떤 키워드를 활용해서 마케팅을 할 것인가. 여기에 대한 답은 아직 나오지 않았다는 것이다. 1인 기업인은 오늘 마케팅해서 내일 수익 구조를 만들고 싶어한다. 그러나 해답을 얻지 못했으니 비즈니스로 연결이 안 되는 것이다. 이 정도로 이해를 하고 마케팅 성과를 만들 수 있다면 누구나 쉽게 돈을 벌었을 것이다.

세상에는 공짜도 없고 쉬운 일도 없다. 마케팅에 정답은 존재하지 않는다. 다양한 전략을 기획하는 가운데 다양한 '시행착오'라는 과정을 경험하게 된다. 그 과정의 결과로 가장 정답에 가까운 방향을 찾아내는 것이다. 그러나 이 과정이 너무 길면 안 된다. 사업을 하면서 기약 없는 기다림을 좋아할 사람은 없다. 그렇기 때문에 비효율적인 마케팅을 하며 킬링타임을 허용할 수 없는 것이다.

마케팅에는 다양한 수단이 있다. 유튜브, 인스타그램, 페이스북 등… 이 가운데 블로그 마케팅이 유리한 이유는 단순하다. 유튜브와 인스타그램이 아무리 대형 글로벌 채널이라고 하지만 한국인 유저는 그리 많지 않다. 단지 마케팅에 좋다고 하니까 맹목적으로 좇지 말고 효율성을 판단해보자. 당신의 브랜드가 국민 브랜드인가? 아니면 그래도 동종분야에서 알아주는 브랜드인가? 스스로에게 질문해보자. 자신이 없다면 글로벌 채널에 집중하기보다는 한국 시장부터 자리를 잡아라.

유튜브와 인스타그램에 네거티브 한 입장이 절대 아니다. 나 역시 유튜브와 인스타그램을 소소하게 운영하고 있다. 그러나 순서와 단계가 있다는 이야기를 하고 싶은 것이다. 또한 네이버는 검색 엔진이다. 그래서 소비자콘텐츠를 상위 노출 전략에 활용하면 브랜드 성장에 유리한 것이다. 소비자들의 입장에서 생각하고 만든 콘텐츠가 있어야 한다는 말이다.

소비자 키워드란 무얼까. 앞서 〈2법칙〉에서 키워드 마스터와 검색 광고를 소개한 바 있다. 〈2법칙〉에서는 키워드별 유저 검색량을 강조했는데, 당신은 여기서 '유저 검색량'이라는 단어를 주목해야 한다. 책에서 여러 차례 언급을 하겠지만 당신이 소비자가 아닌 기업인이다. 기업인은 비즈니스를 하는 사람이며 결국 돈을 벌기 위한 마케팅 활동을 한다. 그럼 소비자 입장에서 생각하는 유연성이 사라진다. 이 딜레마를 해결할 수 있는 방향은 의외로 단순하다.

당신의 욕심과 아집을 내려놓으면 생각보다 쉽게 풀린다. 대부분 사업가들이 마이웨이 마인드가 강하다. 스스로의 주관이 확실한 성향은 칭찬받아야 마땅하다. 그러나 개인의 아집에 갇혀 주변의 소리를 들을 줄 모르는 자세와는 다르다. 그런 사람의 사업은 흥할 수 없다. 어느 정도 객관적인 입장에서 바라보는 시각이 필요하다는 것이다. 결정권은 오너에게 있지만, 주변의 의견을 수렴할 줄 알아야 한다.

소비자가 없으면 판매는 이뤄지지 않는다. 당연한 소리처럼 들리겠지만 당신이 지금 마케팅 성과를 못 보고 있다면 이유는 둘 중 하나다. 방법을 모르거나 소비자의 관점에서 생각하지 못하고 있다. 혹시 당신의 입장은 어느 쪽에 가까운지 돌아보자. '나는 아닐 거야' 생각하겠지만 의외로 적지 않은 사업가들이 스스로의 생각에 울타리가 강하다. 고정 관념을 버리고 객관적인 데이터를 토대로 소비자의 생각을 읽어라.

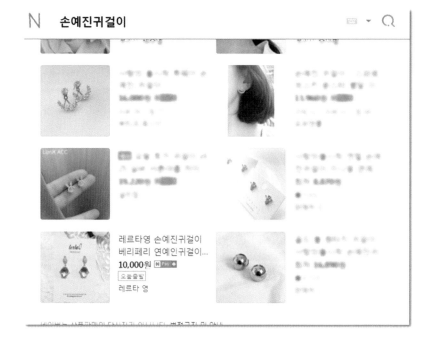

레르타영 손예진귀걸이
베리페리 연예인귀걸이...
10,000원 N Pay✚
오늘출발
레르타 영

소비자 키워드는 멀지 않은 곳에서 찾을 수 있다. 친구 연인 가족과 함께 여행을 가거나 미팅을 할 일이 종종 있을 것이다. 이때 외지에서 만남을 갖거나 시간을 보내야 한다면, 당신은 당장 스마트폰을 켤 것이다. 그다음의 행동 패턴은 너무나 뻔하다. 식사를 원한다면 맛집, 커피를 마시고 싶다면 카페, 숙소를 원한다면 펜션, 호텔 등을 검색한다. 이것이 당신의 라이프 스타일이다. 이때 어떤 검색어로 찾고 있는 스스로를 돌아보자. 그 검색어가 마케터들이 말하는 명사, 형용사 형태의 단어가 아닐 수 있다. 하지만 소비자가 많이 찾는 검색어라면 그게 정답이다.

아카데미 수강생 중에 인천 만수동에서 '스플라워' 꽃집을 운영하는 사장님이 계신다. 우선은 지역 비즈니스를 하는 샵이니 당연히 브랜드명과 지역 키워드는 잡아야 한다. 그러나 그게 전부가 아니다. 고작 블로그 하나 운영하는 거라고는 하지만, 당신의 매출을 만드는 전부가 될 수도 있다. 블로그는 마케팅 채널이다. 그럼 브랜드 스토리를 만드는 콘텐츠 기획이 필요하다. 여러 가지 고민을 하던 중 '꽃말 모음'을 연재해 보기로 했고 결과는 2030세대에 적중했다. 모든 꽃말 모음이 상위 노출되는 것은 아니다. 그러나 블로그의 강점 중 하나는 휘발성이 없는 콘텐츠라는 것이다. 꽃의 종류와 꽃말은 다 비슷해 보이지만 우리가 상상도 못 할 만큼 다양하다.

또 하나의 사례를 들어보겠다. 나의 수강생분 중에는 쥬얼리샵을 운영하는 사장님이 있다. 지혜가 있고 생각이 열려 있는 분이다. 블로그 강의를 통해 인연이 되어 지금은 친구처럼 지내는 소중한 사람이다. 자사 몰이 아닌 스마트 스토어로 온라인 마케팅을 하고 있었다. 스마트 스토어에서 판매되는 제품명의 키워드를 설정할 때 셀러 분들은 '아이템 스카우터'의 데이터를 기준으로 정한다.

여기서 한 가지 불편한 진실은, 네이버의 모든 채널의 알고리즘은 일맥상통한다. 이 말은 블로그만 정통해도 네이버의 모든 채널의 마케팅 활동이 매우 수월해진다는 뜻이다. 또 키워드의 데이터 기준은 네이버

'검색 광고'의 결과값이 가장 정확하다. 'ㄹ' 온라인 샵은 30~40, 어린이 여성 타겟의 쥬얼리를 판매하고 있다.

　나는 사장님에 네이버의 알고리즘에는 일관성이 있으니 스토어의 제품명을 수정해볼 것을 제안했다. 아이템 스카우터의 단점에 대해서도 코멘트를 드렸다. 감사하게도 사장님은 당신께서 셀러였음에도 당신의 생각을 고집하지 않으셨다. 그리고 조언을 반영하여 제목과 내용을 수정했고 익일 결과물을 확인했다. 나의 어드바이스가 사실임이 증명된 상황이다. 만약 여느 광고주들처럼 자신의 상식을 절대로 고수했다면 결과가 어땠을까. 참 감시한 일이다.

3)

대표 키워드는 빅데이터를 바탕으로 만들어라

연관 키워드 풀을 연구하면 세심한 포스팅이 가능하다

이제 당신은 대표 키워드가 어떤 형태의 언어인지 알았을 것이다. 혹 블로그 포스팅 경험이 없다면 일단 시작하자. 실행에 옮겨 보아야 그 다음 과제를 발견할 수 있다. 실행이 없이는 깨달음도 존재하지 않으며 실력을 갖출 수 없다. 자, 그리고 당신이 블로그 유경험자라면 여전히 풀리지 않은 숙제가 있다. 블로그는 꾸준히 운영해야 하는 성격을 지니고 있다. 한 번만 글을 발행해도 된다면 키워드를 고민할 필요가 없을 것이다.

그러나 대한민국에 블로그 운영자는 차고 넘친다. 1회 상위 노출된 내 글을 반영구일 수 없다. 이건 너무 이기적인 발상인 것이다. 그럼 여기서 꾸준히 글 쓰는 게 힘들다고 불평하는 분들이 계신다.

인스타그램은 1일 1피드라는 알고리즘이 있으며, 유튜브의 제작 과정도 만만치 않다. 어렵지 않은 일, 시간 투자 안 하는 일이 있을까? 굳이 글 쓰는 게 어렵다고만 할 일은 아니라고 생각한다. 만약 콘텐츠 제작과정이 너무 귀찮다면 당신은 마케팅을 할 필요 없다. 대신 브랜드의 성장이나 매출은 기대하지 마라. 너무 속물근성이 아닌가. 계정 운영이 녹록지 않은 것은 모든 마케팅 채널이 같은 맥락이다. 정도의 차이가 있을 뿐이다. 물론 어떤 도구가 더 나에게 맞는지 찾는 과정은 필요하다.

다만 블로그는 빠른 브랜딩에 있어 가장 유리한 도구이니 놓치지는 말자. 우리는 지속적인 블로그 글쓰기를 위해 다양한 대표 키워드를 고민하게 된다. 가장 중요한 포인트를 놓치지 말자. 네이버는 검색 엔진이다. 그렇다면 블로그 마케팅의 기본은 검색 수요가 많은 대표 키워드를 찾는 일이다. 제목에 세팅되어야 할 핵심 단어 말이다. 검색 수요의 데이터에 대한 정답은 앞서 소개했던 '네이버 검색 광고'에 있다. 여러 가지로 우리에게 큰 힌트를 주는 역할을 한다.

지금 당장 검색 광고 페이지에 로그인을 해보자. 아마도 평소 생각하고 있던, 홍보하고 싶은 키워드가 있을 것이다. '키워드 도구' 페이지의 공란에 3~4개 단어를 기입하고 '조회하기'를 누른다. 그럼 현재 네이버를 통해 마케팅 되고 있는 관련 검색어 풀이 1,000개 내외로 추출된다. 이것이 바로 빅데이터다. 심지어 해당 페이지의 내용을 엑셀로 다운받을 수 있으니 정말 편리하다. 정말 많은 키워드를 확인할 수 있는데, 내 아이템과 관련 없는 것도 종종 보인다. 이런 것들은 필터링하자. 지금부터는 검색 쿼리가 많은 순으로 키워드를 선별하는 작업이 필요하다.

대표 키워드를 정했다면 검색량은 낮으나 관련성이 높은 키워드들을 블로그 본문에 담는 연습을 하자. 폭넓은 '검색어 풀'이 반영되면 세심한 포스팅이 가능해진다. 빅데이터를 활용하면 꾸준한 블로그 운영에 큰 도움이 된다. 한가지 더 기억할 것이 있다. 지금의 수고는 당신의 미래에 파이프라인이 될 수 있다. 상상도 못 할 보상을 받게 된다.

키워드에 경험을 부여하라

잠깐! 여기서 만족하지 마라, 한 가지 팁을 더 부여해 보겠다. 지금까지 대표 키워드에 대한 공부를 했다. 그러나 제목은 정할 수 있지만 글을 편하게 쓰기는 아직 힘들 것이다. 예를 들어보겠다. 당신이 필라테스 강사이고 샵을 운영하는 원장이라고 하자. 브랜딩과 수익률을 위해 샵의 이름과 교육과정 관련 글을 반복적으로 포스팅 해야 할 것이다.

이 방향이 나쁘다는 것이 아니다. 문제는 언제까지 같은 키워드만 우려먹을 수는 없다. 또 상황에 따라 소재가 금방 고갈될 수 있다. 소재가 떨어지면 같은 맥락의 글이 반복될 것이다. 그런 스토리 전개는 네이버도 원하지 않고, 고객도 원하지 않는다. 당신만 좋아서 쓰는 그림이 되는 셈이다. 네이버는 기본 방향은 소통이라고 말했다. 결국 이걸 망각하면 당신은 매일 성과 없는 수고만 하게 될 것이다. 나는 항상 '스토리텔링'을 하라고 강의하고 있다. 대표 키워드 안에 당신의 경험을 믹스시켜라.

나는 실전 마케팅 강의를 지향한다. 그래서 커리큘럼의 특성상 대면 강의를 추구한다. 그러나 시간, 장소 여력이 안되는 분들에게는 유연하게 줌 강의를 제공하기도 한다. 또 나의 수강생 중에는 캐나다의 토론토에 사는 강사 활동을 하는 분이 있다. 1인 사업가를 위한 퍼스널 컬러 교육 및 색채 강사를 양성하는 인재다. 어느 온라인 커뮤니티에서 나를 알게 되어 이메일로 강의 문의를 주신 것이다. 이메일을 통해 전반적인 컨설팅 도움을 드렸고 블로그 컨설팅을 수강 신청해 주셔서 줌으로 수업을 도와 드렸다.

이미 스토리텔링이나 브랜드 마케팅이 무엇인지는 알고 계셨다. 그러나 블로그 마케팅에 적용하는 부분에서 글의 소재와 키워드는 역시 미션이 되었다. 나는 무조건 실전 마케팅을 지향한다. 이론 강의는 현실구현이나 결과를 만들기 힘들기 때문이다. 키워드에 스토리를 반영한다, 무슨 의미일까? 당신의 인생이 나비 효과가 아니라면 분명 시작과 끝이 있다. 그리고 매일 매일 다른 사람을 만나고 새로운 이슈를 직면하게 된다.

당신의 오늘 아침의 일과, 오후의 일과, 저녁의 일과는 어땠는지 기억해 보자.

분명히 누군가와 소통을 했다면 대화 소재가 어제와는 달랐을 것이다. 어제와 다른 사람을 만나서 새로운 만남에 대한 긴장감을 느끼게 하는 시간도 있었을 것이다. 어떤 고객으로 인하여 기뻤거나 속상했거나 스트레스를 받았을 것이다. 블로그는 일기와 같다. 이 모든 것들을 대표 키워드와 연결하여 기록하라. 그럼 그것이 스토리텔링이며, 콘텐츠 스토리가 된다. 블로그 마케팅은 그렇게 하는 것이다.

4)

상위 노출 알고리즘을 분석하라

중요한 사실은 당신이 속았다는 것이다

내 글은 왜 상위 노출이 되지 않는 걸까. 광고 대행사나 인플루언서의 글들은 노출이 잘되고 있는데 원인이 무엇일까. 의외로 마케터들도 동일한 생각을 한다. 한 가지 재미있는 예를 들어보겠다. 아주 드물게 네이버 검색 창에 어떤 단어를 검색했더니 이상한 블로그가 하나 1등으로 보인다. 유저들은 당연히 궁금해서 그 게시글의 제목을 클릭한다. 그리고 희한한 광경을 목격하게 된다.

해당 글은 300자도 안 되는 짧은 글이며, 심지어 제목에는 대표 키워드 조차 없다. 당신이 만약 그런 글을 직면한다면 이윽고 고개를 갸웃거릴 것이다. '블로그 같은데 어떻게 상위 노출이 되어 있지?'하고 당황해할 것이다. 나는 판을 흔드는 것을 좋아한다. 그리고 수강생들에게 다음과 같이 코칭 하고 있다. 글자 수에는 제약이 없다. 당신이 지금까지 보고 들어왔던 블로그의 상식은 모두 버려라. 나는 '블로그응급실'이라는 별명이 있기도 하다. 가장 합리적인 결과물을 가장 빠르게 보여줄 수 있다는 의미를 내포하고 있다. 미안한 이야기지만 당신은 지금까지 속아왔다.

대한민국에 블로그 운영자 또는 마케터, 강사들은 정말로 많이 있다. 그럼에도 불구하고 알고리즘을 제대로 이해하는 사람이 정말 드물다. 물론 알고리즘 분석하는 일이 결코 쉬운 것은 아니다. 하지만 포인트는 간단하다. 검색 엔진에 대한 이해와 활성화 그리고 네이버가 싫어하는 행위를 하지 않는다. 이 3가지 규칙을 반드시 지켜라.

블로그는 검색 엔진이라는 사실 앞서 언급한 바 있다. 당신은 1인 기업을 경영하는 대표이고 비즈니스를 하는 사람이다. 그럼 소비자에게 판매하고 싶은 아이템이나 콘텐츠가 있을 것이다. 소비자에게 전달하고 싶은 관련 단어는 반드시 블로그에 적어야 한다. 제목, 본문, #태그 어디라도 관계없다. 기록만 빼먹지 말자. 그럼 그 모든 것은 검색 엔진에서 체크하는 키워드가 된다. 그리고 당신이 기록한 단어 중에서 가장 힘을 실어야 하는 단어나 메시지가 있을 것이다. 그것이 '대표 키워드'가 된다.

또한 키워드는 다양하게 폭넓게 사용하라. 울타리를 만들지 마라. 어떤 소비자가 '남양주 맛집'또는 '남양주 분위기 좋은 카페'를 키워드로 검색을 한다고 해보자. 이때 당신의 블로그에 해당 키워드가 없다면 검색엔진에서 노출될 수 없다. 가령 당신이 포스팅의 제목을 '오늘 분위기 좋은 곳에서 바게뜨와 생크림 그리고 커피 맛있게 먹었다'라고 해보자. 검색 포인트가 없다. 어떤 결과도 기대할 수 없을 것이다.

모든 글의 원활한 상위 노출에는 꾸준하고 지속성 있는 블로그 운영이 영향을 주기도 한다. 1포스팅 했는데 덜컥 상위 랭크가 되었다. 덕분에 오더가 많아져서 분주함 속에 포스팅을 못 하는 경우가 있다. 물론 하루 종일 정말 바쁠 수 있다. 그리고 피곤에 지치고 방전된 상태가 지속될 수 있다. 여기서 중요한 걸 하나 집고 넘어가겠다. 당신은 직원인가 대표인가? 직원이라면 회사의 분위기 및 대표님의 눈치를 봐야 할 것이다. 그리고 회사의 스케줄을 따라가야 하기 때문에 내 의지만으로 할 수 있는 일이 많지 않다. 그러나 당신의 상황이 N잡러, 1인 기업가 또는 소상공인 대표라면 다소 냉정하게 말하고 싶다. 게으름 피지 말고 좀 더 부지런히 움직여라. 블로그는 꾸준함이 곧 활성화와 상위 노출을 만드는 원동력이다.

바쁜 것이 아니라 게으른 것이다

    사업이 바쁘다고 포스팅을 못 쓴다는 입장을 네이버 ai는 이해해주지 않는다. 내가 이해하고 말고는 중요하지 않다. 상위 노출 포스팅은 언제든 순위가 하락할 수 있다. 활성화는 기존 포스팅의 상위 랭크가 오래 유지되는 것에 영향을 준다. 그리고 당신이 사업가라면 시간을 리딩할 줄 알아야 한다.

    나도 블로그 포스팅을 매일 쓰지는 않는다. 난 인플루언서가 아니라면 1일 1포 지키라는 말을 하지 않는다. 이유는 의무사항이 아니기 때문이다. 대신 강의 활동과 비즈니스 미팅으로 매우 분주한 삶을 보낸다. 그런데 아카데미와 나의 커뮤니티를 성장하는데 한가지 애로사항이 있었다. 내가 지향하는 스토리텔링 마케팅을 수강생분들이 대다수 어렵게 느낀다는 것이다. 이유는 간단하다. 교육을 받은 것과 비슷한 맥락의 포스팅을 웹 상에서 찾아보기 힘들기 때문이다. 나는 광고를 지향하지 않는다. 광고성 포스팅은 소비자로 하여금 눈살을 찌푸리게 만들고 흥미도 떨어뜨린다. 광고 만해도 좋은 카테고리도 있지만 극히 일부이며 결국 브랜딩까지 완성하지는 못한다. 성장보다는 반짝이는 매출 효과일 뿐이다.

    당신은 블로그 마케팅 대행을 의뢰한 적이 한 번도 없는가? 만약 해봤는데 큰 효과를 못 보았다면 이유는 간단하다. 광고 글이기 때문이다. 그래서 고민 끝에 나의 시간을 안배해서 내 블로그에 포스팅을 1일 1포를 해본 적도 있다. 물론 상황에 따라 빠지는 일수는 존재한다. 하지만 흐름을 놓치지 않기 위해 애를 쓴다. 시간 관리도 자기관리이며 결국 능력이다. 스스로의 업무 패턴을 반드시 점검하길 바란다.

어떤 글을 쓰든 불법/선정적/비방 등 부정적인 견해나 단어를 사용하는 일을 절대로 해서는 안 된다. 네이버의 정책에는 자사 알고리즘의 기준도 있지만, 사회적 물의를 일으키는 요소도 제한을 시킨다. 상식적으로 생각해보면 당연한 이야기일 수 있다. 만약 ∞연예인 안티 팬이 명예훼손에 해당하는 글을 블로그 포스팅으로 작성했다고 해보자. 하루 방문자가 1만 명이 유입되는 블로그라면 그 영향력은 치명적일 것이다.

잠시 여담을 해보겠다. 지금의 시대는 사이버수사대를 통해 온라인 범죄가 처벌이 가능하다. 나의 지인이 익명으로 대화가 가능한 오픈 단체 톡방에서 자신을 비방하는 사람을 상대하다가 맨탈이 나간 적이 있다. 사람이 참 무섭다. 이름을 알 수 없고 얼굴을 볼 수 없으면 끝을 알 수 없는 용기가 솟는 것 같다. 지인은 본인의 인프라를 최대한 활용해서 놀라운 사실을 알아냈다. 익명의 채팅방이지만 수사 의뢰를 하게 되면 실명과 개인 정보가 확인된다는 사실이었다. 덕분에 소송이 가능했고, 그들에게 정중한 사과를 받았다.

꾸준한 포스팅과 검색 엔진에 맞는 키워드 활용법 그리고 이용 제한 행위, 이것이 가장 큰 범위의 상위 노출 알고리즘이다. 당신이 이 규칙을 지킬 수 있다면 지금까지보다는 블로그 운영이 쉬워지고 재미를 느낄 것이다.

5)

블로그 상위 노출 로직의 히스토리를 아는가?

나는 블로그 1세대

네이버는 1999년 창립되었다. 2000년도에 처음 네이버 아이디를 만들었던 기억이 난다. 당시는 D사 포털사이트의 인지도가 전국민에게 팽배해 있었고 네이버는 듣보잡 기업이었다. 나는 인터넷 트렌드에 민감했고 컴퓨터 기술을 좋아했다. 그래서 당장에 쓸 일이 있을까 싶었지만 네이버의 가능성을 보고 있었다. 하지만 이때 만해도 내가 마케터가 될 것이라고는 상상도 하지 못했다.

2008년도 전후였던 것 같다. 네이버는 블로그, 카페, 지식인, 쇼핑 등 각종 서비스 채널을 기획하며 급격한 성장세를 이룩했다. 그리고 현재 전국민의 60% 이상에 육박하는 점유율을 보유하고 있다. 이때부터 였을 것이다. 블로그는 당시만 해도 아주 기초적인 로직만 알고 있어도 게시 글을 상위 노출하는 것이 매우 쉬웠다.

아주 성실히 운영해주면 앞서 언급되었던 '45일의 마법'으로 누구나 최적화 블로그를 만들 수 있었다. 나를 포함하여 잘 운영하는 파워 블로그들은 일 방문자 5000명~1만 명이 어렵지 않게 달성되었다. 지금 같으면 상상도 할 수 없는 일이다. 나의 블로그 전성기라고 표현해도 전혀 과하지 않다. 덕분에 누구나 블로그로 온라인 수익화가 가능했다. 말 그대로 '파워 블로그 천국 시대'였다. 나 역시 이 당시에 벌어들인 수익금으로 아파트를 한 채 구매할 정도 였으니 말이다.

그러나 사람들은 이때만 해도 몰랐다. 아니 지금도 대다수 모르고 있을 것이다. 네이버는 블로그를 브랜딩 마케팅을 위한 서비스로 만들었고 운영 기준을 정리하고 있었다. 그리고 머지않은 2013~2015년경 네이버는 블로그 유저들에게 경고를 한다. 블로그의 로직을 최적화 세팅하고 있으니 운영 정책을 확인하라고 말이다. 정책에 맞게 올바르게 운영하고 있지 않은 유저들에게는 패널티가 있음을 암시했다. 하지만 대부분의 블로거들은 이 경고에 안일하게 대처했다. 왜냐면 명확한 기준을 찾기가 어려웠기 때문이다.

그렇다. 그 패널티란 우리가 익히 알고 있는 '저품질 블로그'를 의미한다. 블로그를 경험해보지 않았거나 초보자분들에게는 다소 생소한 단어일 수 있다. 저품질은 속칭이며, 공식 명칭은 '이용 제한'이다. 하루에 방문자가 1만 명 유입되던 대다수의 블로그들이 데미지를 입고 하루아침에 100명도 안 들어오는 컨디션으로 전락한다. 유입자가 없다는 것은 당연히 상위 노출 글이 없음을 의미한다. 어제까지만 해도 상위 3위에 검색 반영이 되었던 당신의 글이 순위권 밖으로 밀린다. 그뿐인가! 순위가 너무 떨어져서 흔적도 안 보인다. 나를 포함한 마케터들에게는 상상도 할 수 없는 파장을 불러일으켰다. 조금 과장을 보태자면 대한민국 블로그 유저의 70% 이상이 모두 이 같은 상황을 맞이했다. 실로 파장은 엄청났다. 내가 보유했던 블로그가 총 5개였는데 전부 이용 제한을 당했으니 말이다.

깨달음은 두려움의 시작

누구에게나 처음이 있듯이 당시까지만 해도 난 초보 블로거였다. 나름 운영 이력은 있었으나, 지금의 당신처럼 학습할 것이 많았던 수준이다. 덕분에 멘탈이 흔들렸고 무력감을 맛보았다. 포기할까 싶기도 했으나 자존심이 상했고, 돌파구를 찾고 싶은 마음이 더 컸다. 좋다는 강의도 들어보고 책도 보고 웹 서칭도 많이 해봤다. 그렇게 다양한 정보를 학습하던 중 우연한 계기로 블로그 로직의 정체를 찾아냈다. 참고로 블로그의 정체를 알았을 때 또 한번 맨탈이 흔들렸다. 왜냐면 내가 그동안 알고 있던 블로그 관련 상식이 무너져 내렸기 때문이다. 처음에는 나 역시 의심 했었고, 극복해내는 데 오랜 시간이 걸렸다.

앞서서 블로그는 브랜드 마케팅을 위한 채널이라고 설명했다. 브랜딩의 의미가 무엇인가? 소비자들에게 신뢰와 공감을 얻고 브랜드의 정체성을 알리며 대중의 기억 속에 강한 이미지를 남기는 것을 뜻한다. 블로그는 글로써 콘텐츠를 생산하며, 소비자와 사용자간 소통하는 것이 특징이다. 그렇게 충성 고객을 만드는 전략이 바로 브랜드 마케팅이다. 그렇다면 글을 어떻게 써야 할까? 신뢰를 주고 공감을 얻기 위한 진정성 있는 스토리텔링이 필요하다는 결론이다. 현재 대다수 블로그 포스팅들은 어떤 모습인가, 광고성에 상업적 성격이 매우 짙다. 블로그는 마케팅을 위한 채널이 맞다. 그러나 그 정도가 지나친 광고 글이 많아서 소비자들의 인식이 부정적인 것이다.

당신이 오너라면 기업의 브랜드 아이템 또는 나의 콘텐츠를 어떻게 전달할지를 고민하라. 스토리 콘텐츠와 같은 콘셉트로 운영하는 블로그들이 별로 없다. 그래서 벤치마킹할 자료가 부족하고 또한 최적화 블로그 달성이 안되는 것이다. 블로그 인플루언서들 중에서 상당히 인지도가 있는 사람들의 블로그를 보자. 협찬 글도 상당히 많겠지만 그들은 특정 분야에 대한 호소력 있는 글을 잘 쓴다. 화려한 필력과는 다른 문제다.

영화, 맛집, 여행, 패션… 인플루언서라는 타이틀이 걸려 있는 블로그를 본 적 있을 것이다. 분야별 전문성을 인정받는 블로그라는 뜻이다. 그들에게는 팬덤이 있다. 신뢰하며 충성하는 인프라가 형성되어 있고 이미 관계쉽 형성이 잘되어 있다. 지금 당신은 블로그를 어떻게 쓰고 있는가? 소통은 관심이 없고 단지 광고를 하려는 목적으로만 글을 쓰고 있지는 않은가? 운 좋게 키워드를 잘 써서 상위 노출에 띄우고 있다고 하자. 그 상태는 생각보다 오래가지 않을 것이다. 나아가 모든 키워드를 다 띄우지는 못할 것이다. 소통하는 진정성 있는 스토리가 담긴 블로그가 상위 노출의 포인트 중 하나이다.

그렇다고 지금 당장 블로그 인플루언서처럼 글을 쓰려고는 하지 마라. 그들은 오랜 글쓰기 훈련이 되어 있어서 장문의 화려한 글을 잘 쓴다. 당신이 초보자라면 당장에는 절대로 그들처럼 글을 쓸 수 없다. 그렇다고 낙담하고 돌아서지는 말자. 블로그는 개인의 생각은 담는 공간이다. 정형화된 형식과 화려한 필력은 당장에 필요하지 않다. 단계가 필요하다는 말이다. 꾸준히 성실하게 운영하라. 그럼 당신도 머지않아 그들처럼 글을 쓸 수 있고 마케팅 효과를 보게 될 것이다.

6)

씨랭크 블로그, 내가 주체가 되어야 한다

본질을 알면, 상위 노출 쉽게 한다

씨랭크(C랭크)를 '최적화 블로그'의 개념으로 이해를 하고 있는 사람이 있을 것이다. 씨랭크블로그가 되면 무적이 될 것처럼 여긴다. 심지어 저 품질에 걸릴 확률이 없다고 생각한다. 만약 당신이 이렇게 생각하고 있었다면 지금부터 머릿속을 비워라. 그리고 나의 이야기로 빈 자리를 다시 채우도록 하자. 어느 수강생이 나에게 질문을 했다. "어느 사이트를 통해 블로그를 진단받았는데 씨랭크와 D.I.A 점수를 확인했다"고 했다.

그리고 그 점수를 신뢰할 수 있는지 물어보는 것이다. 나는 블로그 강의를 할 때 항상 D.I.A logic과 씨랭크의 의미를 교육한다. 씨랭크는 블로그가 아니라 시스템의 범위로 해석을 해야 한다. 그래서 위와 같은 질문을 주시는 분들에는 해당 내용을 상기시켜 드린다. 사람마다 이해도와 실행력에는 당연히 편차가 발생한다. 이 질문은 씨랭크의 본질을 제대로 이해하지 못했다는 뜻이다. 프로그램이나 솔루션은 결국 사람이 만든다. 그런데 씨랭크의 의미를 잘 모르는 사람이 만들었다면 그 결과값에 오류가 발행하는 것은 당연하다. 네이버 개발자가 만들었을 리는 없다. 만약 그랬다면 N사의 1급 기밀에 해당하는 알고리즘 정보를 노출시키는 셈이니 말이다. 씨랭크의 정확한 의미는 블로그가 아니라 시스템이다.

블로그 정보

블로그 주소	https://blog.naver.com/itenginer	변경	네이버ID로 자동생성된 블로그 주소를 단 1회변경할 수 있습니다.
블로그명	이승윤작가와 함께 블로그마케팅		한글, 영문, 숫자 혼용가능 (한글 기준 25자 이내)
별명	이승윤작가		한글, 영문, 숫자 혼용가능 (한글 기준 10자 이내)
소개글	♥상생비즈니스♥ 스토리 콘텐츠는 가치를 만들고 알고리즘은 상위노출을 만든다		블로그 프로필 영역의 프로필 이미지 아래에 반영됩니다. (한글 기준 200자 이내)
내 블로그 주제	비즈니스·경제		내 블로그에서 다루는 주제를 선택하세요. 프로필 영역에 노출됩니다.

지금까지 들어온 씨랭크 키워드, 씨랭크 블로그라는 말은 이 순간부터 머릿속에서 지우자. 그런 단어는 존재하지 않는다. 또 이런 설도 있다. 블로그의 '주제가 중요하지 않으니 일상으로 설정하고 운영해도 된다'고 말이다. 이 말은 앞서서 언급한 전문성을 완전히 부정하는 말이다. 당신은 블로그를 운영하고 싶어하거나 운영하고 있다. 블로그는 사용자의 호소력과 신뢰성을 글로써 뒷받침해준다.

인플루언서, 비즈니스 구분할 것 없이 중심이 되는 소재가 있는 블로그라면 전문성을 띄게 마련이다. 만약 당신의 블로그와 카테고리의 주제를 모두 '일상'으로만 설정했다면 전문성은 인정 받기 어렵다. 영화, 여행, 맛집, 뷰티 등 주제의 결정 기준이 없다는 말이 된다. 내가 억지를 쓰는 것 같다면 곰곰이 생각해보자.

블로그는 무조건 관련 분야의 기준이 처음부터 설정되어야 한다. 많은 분들이 이걸 간과하고 모르고 지나친다. 혹 설정을 하더라도 중요성을 모르고 막연하게 정한다. 블로그를 최초에 세팅할 때 우리는 블로그명, 소개 글, 주제 3가지를 가장 기본으로 설정한다. 당신의 블로그를 현재 어떻게 세팅되어 있는가?! 주제는 '일상' 그리고 블로그명, 소개 글은 코멘트를 러프 하게 넣고 있지는 않은가 점검해보자.

7)

최적화 블로그와 인플루언서 블로그의 차이

목표에 따라 전혀 다른 개념이 된다

상위 노출이 잘되고 하루 방문자가 1천 명 이상 유입되는 블로그는 최적화 블로그라는 정설은 예나 지금이나 동일하다. 여기서 한가지 질문을 해보겠다. 인플루언서는 최적화 블로그를 가진 유저인가? 결론은 그렇지 않다. 인플루언서가 되기 위한 조건은 따로 있다. 특정 분야에 중심을 두고 최소 90일 이상을 꾸준히 건강하게 운영하는 블로그라는 전제가 필요하다. 블로그의 주제 설정은 필수다. 90일은 약 3개월을 의미하는데 초보 블로거가 3개월 안에 최적화에 도달하는 일은 불가능에 가깝다.

전략이나 방법을 모르기 때문이기도 하다. 다만 90일 동안 전략적으로 성실히 운영했다면 조건부로 인플루언서 승인이 가능하다. 또한 블로그 수익화라는 개념의 애드포스트 승인까지 가능해진다. 그렇게 되면 부가 수익에 대한 시너지도 일반 블로그에 비해 월등히 높아진다. 하지만 인플루언서라고 해서 무조건 최적화 블로그가 아니다. 최적화 블로그라고 해서 모두 인플루언서가 아닌 것처럼 말이다.

당신은 어느 웹사이트를 통해 '나의 블로그 지수'를 확인해본 경험이 있을 것이다. '저품질 〉준최 〉최적화' 단계별 데이터로 현재 나의 블로그의 상태를 확인할 수 있다. 다만 이는 정확한 데이터는 아니니 참고 정도만 해두기 바란다. 현재 블로그를 운영하거나 연구하는 유저 및 마케터들은 넘쳐난다. 그러나 그중에 블로그의 지수를 숫자로 확인할 수 있거나 저품질을 분석할 수 있는 이는 극소수에 속한다.

최적화 또는 저품질에 대한 원인분석 자체가 불가능하다는 말이다. 내 말을 부정할 수 있는 명확한 근거를 제시할 수 있는 마케터가 있다면 말해도 좋다. 물론 모든 마케터가 분석을 못 하는 것은 아니다. 나는 퍼스널 브랜딩부터 블로그의 상위 노출 알고리즘을 주로 강의하고 있다. 강의를 듣는 대상은 주로 1인 기업, 소상공인 분들이며, 때로는 인플루언서를 양성하기도 한다. 알고리즘은 수학적 개념이다. 수학으로 풀어내는 알고리즘이기 때문에 정답이 있다는 말을 하는 것이다.

덕분에 저품질 블로그 탈출 솔루션을 제시하며 실제로 해당 컨디션을 풀어주기도 한다. 참고로 나는 프로그램을 선호하지 않는다. 생각해보자. 저품질 컨디션 파악이나 원인분석이 어려운데 단계별 정의를 내린다는 것이 가능할까? 바보라도 알 수 있다. 이치에 맞지 않는 주장이다. 블로그 알고리즘을 개발하는 것은 사람이 하는 일이다. 모든 개발 솔루션은 사람이 만든다. 블로그의 준최적화 단계를 파악하는 사이트는 사람이 만드는 것이란 말이다. 원인 분석이 안되므로 정확한 코딩을 설계할 수 없다는 말이다. 저품질 블로그라는 개념 역시 사람이 만들었다. 네이버는 공식적으로 '저품질'이라는 단어를 사용 한 적이 없다. 공식 명칭은 '이용 제한'이다. 저품질에 대한 카더라 통신은 다른 장에서 다시 다루도록 하겠다.

블로그는 보장된 미래를 약속한다

정리하자면 최적화 블로그와 인플루언서는 다르다는 이론이 된다. 최적화 블로그와 인플루언서의 공통점은 지수가 높은 블로그를 말한다. 포스팅도 하루에 몇 개씩 작성하고 이웃들의 소통도 정말 많다. 소통이란 공감대가 형성되는 내용의 글을 쓰는 것과 댓글 공감을 의미한다. 당연히 지수가 높아지고 블로그의 컨디션이 좋아질 수밖에 없는 조건이다. 공통점도 있지만 확연하게 다른 점도 있다.

하루 방문자가 최소 500명에서 5000명 유입이 되는 블로그가 있다. 그런데 해당 블로그에는 '인플루언서'라는 타이틀이 없다. 이런 경우를 당신은 분명히 본 적이 있다. 의외로 생각보다 정말 많은 블로그가 방문자는 많지만 인플루언서라는 타이틀이 없다. 왜 그럴까, 인플루언서가 되는 조건과 절차를 모르기 때문이다. 주제가 너무나도 중요하다는 사실을 대부분 망각하거나 모른다. 그 이유 중 하나는 여느 유튜브나 웹문서들에 있다. 다양한(재능 기부) 무료 강의를 우리는 인터넷으로 접할 수 있다.

그들이 왜 재능을 기부할까?! 물론 혹자 중에는 정말 봉사를 하는 사람들도 있다. 내 경우도 가끔 인스타그램 라방에서 세미나를 진행한다. 하지만 나와 그 강의들에는 큰 차이가 있다. 내가 라이브 방송을 통해 유료 강의를 하는 게 아니다. 블로그에 대한 잘못된 상식을 풀어주는 역할까지만 한다. 하지만 웹 상의 강의들은 마치 무료 강의인 것 처럼 초보 블로그들을 현혹시킨다. 무료일 수밖에 없기 때문에 무료인 것이다. 당신이 만약 정말 고가치의 아이템이나 콘텐츠를 판매한다고 생각해보자. 이벤트 및 한시적인 행사가 아니라면 절대 무료로 나눠줄 수 없다.

최적화 블로그는 주로 비즈니스 계정에서 많이 볼 수 있다. 인플루언서가 개인의 브랜드 가치를 지향한다면, 비즈니스 계정은 기업 브랜딩 쪽이다. 인플루언서가 온라인 빌더로 기반을 다지고 수익 구조를 만든다면, 비즈니스 계정은 매출 증대를 위한 목적으로 블로그를 운영한다. 최적화 블로그와 인플루언서는 결국 같으면서도 다르다. 운영방식은 비슷해 보이지만 목적과 방향이 전혀 다르다. 본래의 방향성이 이러한데 인플루언서들이 제 역할을 못하고 있는 실정이다. 덕분에 네이버 블로그는 호불호가 크게 갈리기도 한다. 온통 광고라는 식의 잘못된 오해와 부정적인 견해를 만들기도 한다.

비즈니스 계정, 즉 기업 블로그 과거부터 지금까지 풀지 못하는 숙제가 두개 있었다. 첫 번째는 상위 노출이며 둘째는 스토리텔링이다. 최적화 블로그가 없으니 상위 노출은 고사하고 글 쓰는 방법을 몰라서 스토리를 만들지 못하고 있다. 안타까운 일은 기업 블로그는 그러한 운영방식이 최선이라는 인식이 자리잡고 있다는 것이다. 또 한번 판을 흔들어보겠다. 기업블로그도 얼마든지 재미있는 스토리를 만들 수 있다. 글 쓰는 데에 특별한 기술은 필요 없다. 그리고 상위 노출은 의외로 너무 쉬운 미션이다. 기존의 생각에 갇혀서 '그럼에도 못하겠다' 생각한다면 안 해도 좋다. 하지만 당신이 생각을 조금만 바꾼다면 상상도 할 수 없는 미래를 맞이하게 될 것이다.

BLOG MARKETING

근거 없는 카더라 통신, 고정 관념을 버려라

1)

협찬, 기자단을 조심해야 되는 이유

쉽게 버는 돈은 대가가 따른다

블로그를 통한 수익화 활동은 크게 3가지로 구분된다. 블로그기자단 (협찬), 애드포스트, 공유 마케팅 플랫폼이 있다. 공유플랫폼에 대해서는 용어가 다소 생소할 것이다. 쉽게 말하면 쿠팡파트너스처럼 특정 브랜드 나 아이템을 소개하고 리워드를 받는 형태를 말한다. 이 가운데 가장 진입 장벽이 낮고 빠른 수익화를 만드는 것은 블로그 기자단(체험단)이다. 그래서 기자단 및 체험단 활동으로 블로그의 수익을 만드는 유저가 가장 많다. 그런데 지름길인 줄 알았던 기자단에는 의외의 리스크가 존재한다.

블로그 인플루언서(구 파워 블로그)들은 아마 내 말에 동의를 못하거나 고개를 갸웃거릴 것이다. 현재 본인들의 블로그 수익화 역시 이 방법이 동원되고 있기 때문이다. 심지어는 매우 정상적으로 운영되고 있으며, 돈 벌이가 되고 있는 상황일 테니 말이다.

블로그 인플루언서들은 대부분 5년 이상 성실하게 그 위치까지 오른 유저들이다. 이들의 소득 수준은 생각보다 상당히 쏠쏠하다. 월 천 수익을 우습게 만드는 이들이 존재한다. 그래서 기자단 활동을 하다가 데미지를 입은 경험이 없다면 당연히 부정할 수 있다. '이게 대체 무슨 소리인가' 싶을 것이다. 그래서 참고는 하겠지만 당장에 데미지를 입은 경험이 없으니 그냥 흘려버린다. 본래 사람들은 자신의 상식이라는 틀을 쉽게 깨고 싶지 않아 한다.

서울 경기 수도권도 아닌 지역에서 정말인기 많은 여수, 순천, 광양 에 최초로
세워지는 지식산업센터 골든게이트 비즈밸리. 시행사 보유분까지 풀어서 사전구매의향서
를 최종 발행하고 있어요, 서울 경기권을 통해서는 이미 아주 유명한 비지니스센터 인데

서울 경기 수도권도 아닌 지역에서 정말인기 많은 여수, 순천, 광양 에 최초로
세워지는 지식산업센터 골든게이트 비즈밸리. 시행사 보유분까지 풀어서 사전구매의향서
를 최종 발행하고 있어요, 서울 경기권을 통해서는 이미 아주 유명한 비지니스센터 인데

또 다른 이야기를 해보겠다. 블로그 마케팅에는 정설이라고 칭할 정도로 유명한 '유사 문서'라는 개념이 있다. 문서란 이미지(사진)와 글이 모여 만드는 포스팅의 단위를 말한다. 진정성 있는 문서는 최적화 블로그를 만드는 데 도움을 준다. 반대로 유사 문서는 정직하지 않은 문서로써 블로그의 '이용 제한'을 야기한다. 인터넷에 이미 발행되어 있는 웹포털 사이트, 블로그, 카페 등의 문서의 이미지나 글을 복사해서 내 블로그로 붙여넣기 하는 행위가 가장 일반적인 유사 문서에 해당한다. 네이버는 이런 블로그에게 패널티를 부여한다. 이 데미지는 블로그 운영에 있어 상당히 파격적인 영향을 끼친다. 하루에 1만 명 유입되는 인플루언서를 하루아침에 100명도 안 들어오는 블로그로 날려버린다. 이용 제한은 한번 당하면 원인분석이 안되므로 기사회생이 어렵다. 이런 분들이 나를 찾아와 저품질(이용 제한)을 회복하기 위해 도움을 요청한다. 솔직히 쉽지는 않지만 불가능하지도 않다.

유사 문서와 기자단은 어떤 상관관계가 있을까. 기자단이란, 특정 브랜드의 제품이나 서비스를 직접 체험하지 않고 원고를 쓰는 방식이다. 체험단 플랫폼 업체가 제공하는 '자료'를 받고 개인의 블로그에 발행시키면 끝이다. 그래서 체험하지 않았지만 포스팅 작성이 가능하다. 자료는 원고와 이미지를 말하며 수고 없이 원고만 올리면 되므로 비교적 단조롭고 간단하다. 생각하기에 따라 정말 쉬운 돈벌이 수단이 될 수 있겠다.

그런데 여기에는 큰 함정이 존재한다. 일반 블로그는 말할 것도 없고 블로그 인플루언서들도 해당 원고의 리스크를 분석이 쉽지 않다. 앞서 유사 문서는 블로그의 이용 제한을 야기한다고 말했다. 믿을 수 없겠지만 업체가 제시하는 글과 이미지는 80% 이상 맥락이 비슷하거나 같다. 기자단 수익 활동을 조심해야 하는 이유다.

누구나 블로그 저품질에 걸리지 '않는다'

여기서 잠깐! 나는 업체기 주는 오너 '전부'가 문제라는 말을 하는 것이 아니다. 오해는 없길 바란다. 조심해야 한다는 말을 하고 있는 것이다. 그 '맥락이 비슷한 글'을 여러 블로그 유저들에게 전달한다. 그렇게 따져본다면 블로그 인플루언서들이 직접 작성한 포스팅도 서로 필력이 다를 뿐! 전체 맥락은 비슷하게 포스팅한다. '그런 입장에서 본다면 업체가 제공하는 문서가 무엇이 문제가 되느냐'라고 말할 수 있다.

정말 그렇게 생각한다면 당신은 아주 중요한 팩트를 놓치고 있다. 직접 체험하여 작성된 글은 사람마다 생각과 방향이 다르다. 필사가 아니라는 말이다. 또한 사진도 저마다의 느낌이나 콘셉트가 완전히 다르다. 맛집체험단을 예로 들어보겠다. 약 10명 이상의 블로그가 선정되어 같은 식당을 방문해서 서비스를 제공받는다. 이때 사진에 담기는 장소는 모두 동일한 공간일 것이다. 그럼에도 서로의 샷의 느낌이 다 다르다. 즉,

콘텐츠의 맥은 같아도 각자의 느낌이 담긴 차별화된 원고가 만들어진다. 나는 과거도 현재도 체험단 운영 경험이 있기에 관련 인사이트는 풍부하다.

기자단 이야기를 다시 해보자. 기자단의 원고는 체험단과 개념 자체가 다르다. 광고 회사에 원고만 작성하는 작가 인력풀이 얼마나 될까. 결국 같은 사람이 쓰거나 한 두 명에 의해 작성되기 때문에 물리적으로 필사가 많을 수밖에 없다. 게다가 1개의 글을 여러 문서에 조금씩 각색해서 베껴 쓰기도 한다. 또한 이미지 사진은 약간의 편집을 하거나 동일한 것을 돌려쓴다. 사진 역시 같은 사람(직원)이 찍는다. 만약 동일인이 100장의 사진을 찍는다면 그 느낌이 대단히 다르지는 않을 것이다.

유사 이미지도 우리가 그동안 이해해온 기준과 전혀 다르다. 우리는 똑같은 장면이 담긴 사진만 중복이라고 이해를 해왔다. 또는 '연사로 찍으면 파일명이 달라지니까 유사 이미지가 아니잖아요'라고 생각하는 분들이 많다. 정답은 네이버의 ai는 모두 다 같은 사진으로 본다. 파일명은 검색 엔진에서는 유리한 개념으로 풀이 될 수 있지만, 사진을 판독하는 개념은 또 별개이다. 결국 유사 이미지로 인정된다. 이 말을 못 믿겠다면 연사로 찍은 사진들을 중심으로 포스팅을 연재해보라. 언제부턴가 상위 노출은 커녕 네이버 검색 반영이 안 되는 글이 속출할 것이다. 굳이 병을 키울 이유가 있겠는가? 선택은 당신의 몫이다.

결과적으로 당신은 유사 문서(이미지, 글)를 기준을 모른 채 스스로의 블로그에 올리고 있었던 것이다. 당신은 이 불편한 진실을 인정해야 한다. 또 그렇게 운영하는 블로그들의 대부분이 이용 제한 리스크에 노출되어 있다고 보면 된다. "내 블로그는 왜 노출이 안 되죠? 내 블로그는 왜 방문자가 안 늘죠?" 물론 이유는 다양하게 고려할 수 있다. 다만 가장 큰 가능성은 키워드가 없거나 유서 문서인 경우가 대부분이다. 혹시 본인의 블로그에 그런 글이나 사진이 없는지 전부 체크해보자.

2)

글을 수정하면 저품질에 걸릴까?

수정해도 순위 유지되는 블로그, 변수가 아니다

저품질이라는 단어는 블로그 운영자들에게는 개미지옥 같은 기념이다. 블로그가 그 늪에 한번 빠지면 헤어나오기가 그만큼 힘들다. 정성껏 운영하고 키운 블로그가 이용 제한을 당하면 반드시 정신적 데미지를 입게된다. 그런데 바로 수정이라는 행위가 리스크 요소 중 하나로 이해되고 있는 것이다. 물론 이건 광고 대행사가 만든 유언비어이지만, 많은 블로그 유저들이 그렇게 믿고 있다는 게 문제다. 수정은 곧 저품질로 연결된다. 수정하게 되면 상위 노출 랭크가 떨어지므로 절대로 하면 안 된다. 한번 발행된 글은 손을 댈 수 없다는 뜻이다. 여간 공교로운 일이 아닐 수 없다.

당신이 블로그 초보자라면 이 내용은 아주 좋은 실전 지침서가 될 것이다. 그러나 '수정하면 안된다' 때문에 어려움을 겪는 대상이라면 지금부터 집중하기 바란다. 오늘부터 이런 말도 안되는 알고리즘에서 해방될 수 있다.

포스팅을 이미 발행해서 상위 1등에 있는 글이 있다고 해보자. 본 포스팅은 광고 대행사를 통해 진행된 것이다. 그런데 광고주의 컨펌 미스로 인하여 일부 정보가 누락 되거나 추가 메시지를 삽입해야 하는 변수가 발행했다. 수정이 불가피한 상황인 것이다. 광고 회사의 주의를 당부 받음에도 불구하고 광고주는 수정을 요청했고, 예상대로 블로그의 노출 순위가 밀렸다. 광고주의 오더였고 광고 회사의 과실이 없기에 이 상황을 책임질 의무는 없다.

상황이 이대로 끝나버린다면 광고주는 추가 비용을 지불해서라도 재작업을 해야 한다. 비용 손실을 맞이할 수 있는 안타까운 상황에 직면했다. 불가피하게 플랜B로 진행하려 했던 원고를 앞당겨 발행하면서 가격할인 요청하는 경우가 있다. 광고 대행사는 배려를 하는 척하며 추가 매출에 성공한다. 대개가 이렇다.

하지만 블로그 마케팅을 오래 진행해본 어떤 이들은 다른 결과물을 경험하기도 했을 것이다. 종종 '수정 행위가 반드시 저품질이나 순위 누락이 되는 것은 아니다'라는 변수를 발견한다. 그러나 원인분석이 어렵고 알고리즘을 모르기 때문에 운이 좋았다고 여기고 끝난다. 다행스럽게도 결과물의 순위가 떨어지지 않았고 광고주의 메시지는 충분히 담겼으니 말이다.

광고 대행사나 광고주나 서로 원만한 관계쉽이 유지되며 스트레스 받을 일도 없다. 또 이 광고 건으로 광고주의 매출이 상승했다면 오랜 파트너 관계가 유지될 수 있다.

한자로 '運'(운)은 어떤 일이 잘 풀린다는 뜻으로 운수가 좋다는 의미로 쓰인다. 운수에는 두 가지 종류가 있다. 내가 아무것도 안 했거나 모르는 상황에서 그냥 뜻밖으로 잘 풀리는 경우가 첫 번째이다. 그리고 어떤 목표를 갖고 노력이라는 행위가 수반되었을 때 오는 기회가 있다. 그 기회를 잘 활용해서 상황이 해결되는 운이 두 번째 경우이다. 위의 언급된 '변수'는 전자에 가깝다. 무엇을 알고 어떤 액션을 취한 경우가 아니라는 말이다.

조금 전 후자의 경우에서 '행위'라는 단어를 썼다. 블로그의 운영 방법과 알고리즘을 얼마나 이해하고 실행했느냐를 의미하는 것이다. 글을 쓸 때 화려한 필력으로 작성할 수 있는 실력이 있다는 것은 너무 멋진 일이다. 그러나 이것은 둘째 문제이다. 네이버가 지향하는 블로그의 방향성이 무엇인지 주의 깊이 생각해보아야 한다. 네이버의 실체는 당신이 생각하는 광고가 아니다. 진정성을 담는 브랜드 마케팅 채널로 만드는 것이 본래의 취지이다. 단 한 번도 생각해본 일이 없을 것이다. 관습이 그래서 무섭다.

블로그는 모두를 위한 공간

스토리텔링은 이야기를 글로 전달하는 과정을 말한다. 성의가 보호했다면 지금 정리를 확실하게 해두기 바란다. 블로그는 스토리 콘텐츠를 발행하는 공간이다. 글에 결함이 있으면 안 된다. 즉 완성도 높은 스토리텔링이라는 성격에 부합해야 된다. 선정적이거나 불법적인 소재가 사용되는 것도 원하지 않는다.

또한, 브랜딩 이란 기업이 고객과 소통을 하는 관계쉽을 만드는 수단이라고 할 수 있다. 그런데 만약 브랜드 콘텐츠에 결함이 있는데 이것을 수정할 수 없다면 말이 안 된다. 기업의 이미지가 손상될 수 있는 부분이다. 굳이 소 잃고 외양간 고칠 필요가 없다는 것이다. 네이버는 블로그에 발행된 글에 결함 요소가 있을 경우 수정하여 고치는 것을 허용했다. 그런데 우리는 이 사실을 미처 모르고 있다. 왜일까.

첫째는 관심이 없다. 아이디만 만들면 누구나 사용할 수 있는 나만의 자유로운 공간이라고 생각한다. 네이버의 유저는 셀 수없이 많고 당신들은 블로그를 통해 주로 홍보활동을 하고 있다. 당신이 홍보 해놓은 블로그를 누군가 보고 문의를 하면 소통에 의하여 잠재 고객이 생긴다. 아직도 블로그가 나만의 공간이라는 착각에 빠져있을 것인가?

둘째 마케터들에게는 경험이 있다. 스스로도 잘 모르지만 상위 노출된 글을 수정하면 순위가 떨어지는 현상은 경험해봤다. 순위가 누락되면 고객은 본 서비스에 만족할 수 없고 마케터들은 광고비용을 제대로 받기 힘들다. 그렇다고 알고리즘을 명확히 알아서 대처하는 솔루션도 없다. 가장 좋은 방법은 수정을 강요할 수 없는 명분을 제시하는 것이다. '수정하면, 저품질'이라는 말은 마케터들이 만들어낸 말이다.

, 해당 노출을 위해 필요한 범위 내에서는 일부 수정, 또는 "서비스" 내 관리기능을 통해 해당 게시물에 대

[수정을 허용하는 네이버의 정책]

문제는 광고주뿐 아니라 수많은 일반 블로거들이 이 말에 속아왔고 정

설인 것처럼 믿어왔다. 그러나 앞으로는 그러지 말기를 바란다. 수정 횟수가 많아야 좋을 리 없겠지만 안심해라. 블로그의 수정 행위가 블로그의 지수를 떨어뜨리는 영향을 주지는 않는다. 이건 나 개인의 주장이 아니라 네이버에 승인한 내용이다. 수정 후 블로그의 순위 누락이나 view에서 이탈되는 것은 문서에 문제가 있기 때문이다. 그러나 순위가 유지되거나 더욱 상승하는 경우가 있다. 문서에 결함이 없으며 완성도가 매우 높은 것을 의미한다. 오히려 결함이 있는 문서가 수정 과정을 통해 완성도 높은 문서가 되면 상위 노출이 더 잘된다.

3)

IP 사용과 블로그 저품질의 상관관계

이치에 따라 생각해보면 답이 나온다

2012년경 인하우스에서 일하던 때가 생각이 난다. 나는 학원 에이전트부터 경영자까지 역임했던 시절이 있다. 수강생 유치 및 브랜드 마케팅을 위해 블로그를 활용했었다. 당시는 파워 블로그로 활동하던 시절이기도 했지만 나 역시 풋내기였다. 당시 나는 함께 일하는 동료들과 IP프로그램을 월정액으로 임대해서 사용했다. 당시는 와이파이가 지금처럼 대중화되어 있지 않았다. 그리고 깨끗한 IP로 블로그를 운영해야 된다고 믿고 있었다. 그래서 IP프로그램을 만드는 회사에서 IP를 임대해서 사용하기도 했다.

지금 생각해보면 너무 어처구니 없는 일이다. 그때부터 지금까지 전해오는 IP 관련 이슈는 크게 세 가지다. '처음 만든 IP'를 사용하는 것이 블로그 최적화에 도움이 된다. IP를 이동해가며 블로그에 로그인하면 문제가 된다. 마지막으로 사실은 고정 IP를 사용하는 것이 가장 좋지만 IP도 저품질에 걸린다. 그런데 업체에서 만든 클린 IP를 임대하면 IP를 관리해주니까 안정적이다. 우리 모두는 어리석게도 이 소문을 믿었다는 것이다.

그런데 세 가지 설은 지금도 블로그 유저들 사이에서는 압도적인 영향력을 과시하고 있다. 생각해보자, 저 말이 팩트이고 우리가 IP를 결국 임대를 한다면 누가 가장 큰 수혜자가 될까? 바로 광고 회사 또는 솔루션 업체다. 카더라 통신을 만든 장본인이기도 하다. 우리가 블로그를 사용하기 위해 로그인하는 아이디는 사실은 네이버 아이디이다. 해당 네이버 아이디로 당신은 블로그뿐 아니라 카페 이메일 쇼핑 등을 쓰고 있다. 그런데 왜 다른 서비스를 이용할 때는 괜찮은데, 블로그를 쓸 때는 문제가 된다고 할까? 혹자는 이렇게 말하기도 한다. 블로그는 마케팅을 하는 채널이라서 운영 기준이 까다롭다고 말이다.

당신이 온라인 마케팅을 좀 아는 사람이라면 스마트 스토어, 파워 링크 등을 운영해보았을 것이다. 또 네이버 카페를 활용해서 게시글, 댓글 홍보 활동도 해 보았을 것이다. 물론 각 채널별 성격은 있다. 그러나 모두의 공통점은 네이버 포털에 속한 서비스라는 점이다. 알고리즘에 대한 개념이 모두 같음을 의미한다. 또 혹자는 IP이 문제는 블로그에 광고가 심해서 그럴 수 있다고 한다. 네이버는 그 자체로 광고 포털사이트다. 메인 페이지부터 광고가 아닌 것은 없다. 다만 '광고질'로 전락 되지 않도록 콘텐츠를 만드는 기획 수반될 뿐이다. 나는 네이버의 알고리즘은 모두 맥이 같다고 말한다. 그렇다면 모든 서비스가 이용 제한을 당해야 이치에 맞다. 나는 IP 전문가는 아니다. 그래서 IP의 손상 유무까지 거론할수는 없다. 분명한 것은 IP가 블로그에 영향을 주지 않는다는 것이다.

IP를 새로 만드는 일은 얼마든지 가능하다. 또 모바일의 경우 전원을 껐다 켜거나 비행기모드에서 돌아오면 IP가 변경된다. 당신이 만약 그 상태로 블로그에 로그인하면 유동 IP에서 접속된 셈이라는 것이다. 하지만 이로 인해 블로그가 데미지를 입은 사례는 없다. 유동 IP와 고정 IP 글을 쓸 때 차이점이나 손실이 발생되지 않는다는 것이다. 이 책에서 몇 차례 거론될 이야기가 하나 더 있다. 근거 없는 소문을 믿기 전에 네이버 플랫폼의 운영 정책에 관심을 가지라는 것이다. 물론 그 정책이라는 것을 누구나 쉽게 확인할 수 있는 것은 아니다. 나 역시 10년 넘는 세월 블로그 마케팅을 하며 아주 우연히 발견했으니 말이다.

나는 주로 블로그 마케팅 강의를 1대1로 진행한다. 이 경우 수강생 개인에게 약 3개월의 코칭 로드맵을 제시한다. 이 기간 동안 마케팅을 위한 모든 기획, 첨삭, 멘토링을 하며 수강생 블로그의 성장과 수익화를 돕는다. 블로그를 성장시키기 위한 중요한 요소 중 한 가지는 포스팅을 기록하는 행위이다. 나는 기록이 아닌 첨삭을 하지만 로그인이라는 절차가 필요하다. 나는 가능하면 직접 로그인을 해서 첨삭을 진행한다. 이 때 나는 수강생 본인의 동의하에 한시적으로 로그인 정보를 공유한다. 첨삭을 할 때는 로그인 정보를 공유해서 작업하는 것이 가장 빠르다. 기록의 시작은 수강생의 집이나 카페 또는 직장 등의 장소에서 작성한다. 원고 작성이 끝나면 발행 전 검수를 진행한다. 지금부터 주목하기 바란다. 포스팅을 작성한 위치가 어디가 되었든 우리 집이나 근처는 절대로 아닐 것이다. 최초 글 작성을 위해 로그인 했던 장소와 내가 로그인한 장소는 전혀 다른 위치라는 것이다. 검수를 완성한 글은 수강생이 발행한다. 참고로 이 분들은 대다수 1인 기업인, 소상공인들이며 비즈니스에 분주해서 장소가 유동적이다. 또한 살고 있는 지역도 전국구이다. 유동 IP와 블로그 저품질이 상관관계가 성립되려면 아카데미 수강생들은 전부 저품질 상태에 빠져야 하는 것이 이론적으로 맞다.

IP문제에서 자유로워져라

또 다른 이야기를 해보겠다. 내가 사는 지역은 경기도에 속한다. 우리 동네와 가까운 곳에 A동과 B동이 있다. A동에 거주하는 블로그는 01_ip

를 사용하는 유저이며, B동에 거주하는 블로그는 02_ip를 사용하는 유저라고 해보자. 그런데 지역개발 정책으로 인하여 두 개의 동네가 하나로 합쳐졌다. 합쳐진 동네의 IP가 과연 변화가 1도 없었을까. 이것을 확인해보려는 생각조차 해본 사람이 없을 것이다. 또한 내 고향은 경기도 A지역이다. 약 30년을 살다가 S지역으로 이사를 왔다. 그러나 내가 원래 사용하던 로그인 정보로 열심히 블로그를 운영하고 있다. 당연히 IP는 변경되었다. 그리고 지금은 노트북을 가지고 전국을 다니며 불특정 다수의 블로그를 컨설팅하고 있다. 결국 고정 IP나 유동 IP를 사용하면 블로그에 문제가 생긴다는 설에 정면으로 반증하는 근거가 된다.

이렇게 다양한 유언비어들을 블로그 마케팅 시장에서는 '~카더라' 통신이라고 칭한다. 명확한 알고리즘을 모른 채, 근거 없는 소문이 참 무성한 것이 블로그 시장이다. 덕분에 어떤 이들은 IP를 임대 사업으로 활용하기도 하고 누군가는 임대료를 납부하고 사용한다.

현재 나는 전국을 누비며 다양한 IP에서 블로그에 접속하고 있으며, 이용 제한 컨디션을 풀고 있다. 게다가 그들의 블로그는 준 최적화 또는 최적화 블로그로 성장되고 있다. 어떤 글을 쓰든 모두 상위 노출이 가능하다. 만약 이 글을 읽고 있는 당신이 IP 유료결제 서비스를 이용하고 있다면 멈출 것을 권장한다. 물론 신택은 본인이 하는 것이다. IP 관련 리스크를 머릿속에서 지우고 마음 편하게 블로그를 운영하라. 만약 블로그를 이곳 저곳에서 로그인해서 운영했다가 저품질 블로그가 된 사람이 있다면, 나는 분명하게 말하겠다. IP 문제라고 여기는 것은 당신의 기분 탓이다. 팩트는 당신의 운영방식이나 포스팅에 문제가 있다. IP는 죄가 없다.

4)

글자 3000자 이상, 사진 10장의 비밀

반대로 해보면 의외로 정답이 보인다

글자 수와 사진 개수의 '규칙' 나도 궁금하다. 저 규칙은 도대체 누가 정한 것인가? 네이버가 그렇게 말한 것이 맞는가?! 블로그 로직을 정확하게 확인하는 것은 불가능하다는 것이 그동안의 정설이다. 그런데 위규칙에 대해서는 무엇을 근거로 확신하는가? 유튜브, 네이버, 인스타그램 요즘 가장 대세라고 칭함 받는 3대 마케팅 채널이다. 참고로 이 중에서 검색 엔진은 네이버가 유일하다.

위 3개 채널을 아무리 검색해봐도 근거를 말하는 사람이나 정보는 찾을 수 없다. 물론 마케터들이 그렇게 말하는 근거가 무엇인지 알고 있다. 이 글을 읽고 있는 당신도 반드시 알고 있어야 할 부분이니 지금부터는 좀 더 집중하기 바란다. 블로그 인플루언서들에 대한 이야기를 잠시 해보겠다. 인플루언서들을 폄하하기나 비방하려는 의도는 전혀 없다. 오해하지 말고 끝까지 들어보기 바란다.

블로그 인플루언서들도 시작은 순수한 즐거움이었다. 블로그에 대해 아는 것은 별로 없었지만 누구나 그렇듯 열정으로 시작했다. 시간이 흐르면서 블로그의 지수가 차곡차곡 쌓이고 기초적인 로직에 근거해서 글을 썼더니 상위 노출도 잘된다. 누구에게나 처음이라는 때가 있듯이 그들도 그랬다.

그렇게 약 5년 7년을 운영하다 보니 자연스럽게 블로그는 최적화를 이룩했다. 온라인 수익화의 정점을 찍기 위해 대단한 인내심이 필요했을 것이다. 여기서 잠깐, 혹시 블로그 인플루언서들의 수익이 어느 정도 인지 당신은 알고 있는가?

네이버에서 지원이 정말 많다. 본인의 블로그에 실리는 광고 또는 블로그의 브랜딩을 네이버가 전폭적으로 지원한다고 생각해보자. 세상을 다 가진 기분일 것이다.

본인은 '1인 기업가이니까 난 회사 매출만 만들면 돼!'라는 생각은 잠시 내려놓길 바란다. 사업을 하는 사람은 생각이 유연할수록 좋다. 게다가 비즈니스를 잘하는 사람은 그림을 잘 그린다.

당신이 지금의 사업 한 가지만 평생 할 것 같은가? 단언컨대 시간의 흐름 속에 언제든 긍정적이고 생산적인 방향이 있다면 그것 또한 추구할 것이다.

어쨌든 블로그 인플루언서들의 수익도 다소 편차는 있지만 최소 월 200에서 월 5000까지도 만든다. 물론 고정 수익은 아니다. 어디까지나 N잡이고, 프리랜서 개념이다. 고정급이 아니고 프리랜서라 하지만 월 5000의 수익을 2~3회 만들면 1억 만드는 건 우습다. 이 돈이 생기면 사람이 어떤 생각을 하게 될까?! 『돈의 속성』이라는 책을 읽어본 적 있는가? 현명한 블로거라면 안정적인 자산을 만들기 위해 방법을 찾게 된다.

종잣돈 내지는 에버리지 자금으로 인하여 부자의 반열에 오를 수 있는 기회를 직면한다는 것이다. 수익적인 측면에서 유튜브가 크게 부럽지 않다는 말이다.

자산은 현명하게 굴리면 그만이기 때문이다. 수고한 세월을 생각하면 노고와 프라이드는 나도 충분히 인정한다. 마케터들은 비용을 받고 블로그 광고 대행 서비스를 하는 사람들이다. 그럼 광고주들에게 만족을 줘야 한다. 우선 가장 기본은 키워드 검색 쿼리 분석이다. 그렇게 분석을 하다보면 인플루언서들의 검색 노출이 가장 많다는 걸 알게 된다. 어쨌든 블로그 인플루언서들의 포스팅은 사진도 수십 장, 글자 수도 엄청나게 많다.

그리고 다양한 테스트를 해보게 된다. 정말로 글자 수가 많으면 상위 노출이 유리한 걸까? 그렇게 연구해본 결과 그들이 얻은 답에는 많은 글자 수와 사진이 상위 랭크가 유리하다는 근거를 얻기에 충분했다. 이제 알겠는가? 그 규칙의 근거는 마케터들의 분석 수치에서 파생된 것이란 말이다. 네이버가 전달한 것도 아니고 그 누구도 그렇게 말해준 적이 없다. 출처도 모르는 가이드 라인을 성실하게 수행하고 있는 당신의 수고에 박수를 보낸다.

그동안 당신이 어떤 강의를 들었고, 어떤 정보를 스터디 했는지는 중요하지 않다. 글자 수와 이미지 개수에 대한 정보는 카더라 통신이라는 사실만 알면 된다. 블로그 유경험자 또는 블로그 인플루언서들은 위 기준을 명확히 준수하여 블로그를 운영하고 있다. 인플루언서는 지수가 상당히 높다. 특히 우리가 알고 있는 일반적인 블로그 인플루언서들은 5년~7년 블로그를 운영한 사람들이 많다.

수정 및 카더라를 역행하고 만든 결과물

지수가 높다면 블로그 랭킹이 '상위 노출'에 유리하다는 말은 팩트다. 여기서 '지수'란 한 개인 블로그의 운영 이력을 계산하여 네이버가 부여하는 일종의 점수 또는 등급 같은 걸 말한다. 지수가 높은 블로그는 사실 어떤 식으로 글을 쓰든 모두 상위 노출이 가능하다. 결국 블로그는 지수가 높은 놈이 승리한다. 지수가 높은 블로그 유저가 마케팅 기획력부터 알고리즘까지 섭렵했다면 절대로 이길 수 없을 것이다.

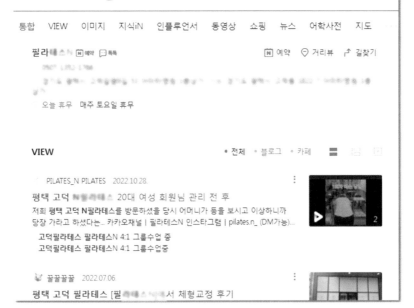

N   평택고●●●●테스

나는 강의 외에는 온라인 종합 컨설팅 재능 기부를 하고 있다. 위치는 평택 고덕, 이곳에서 최고의 필라테스 샵이 되고 싶은데 마케팅 인력이 많이 부족한 입장이었다. 블로그 컨설팅 미팅을 하면서 알고리즘의 개념과 블로그를 운영 방향을 안내드렸다. 더군다나 위 글은 최초발행 시 검색 반영조차 안되던 글을 내가 수정, 보완을 도와준 글이다. 2페이지에 머물고 있는 글을 수정, 보완해주고 나니 상위 5위로 급부상했다.

이 글을 보는 모든 분들께 위 글의 제목을 검색해 보아도 좋다. 시간의 흐름에 따라 순위는 떨어져 있겠지만, 검색은 가능할 것이다. 다만 여기서 포인트는 저 포스팅의 상태를 보라는 말이다. 글자 수 600자 내외, 사진 개수 1장이 전부다. 이것이 나의 방식이다. 결과를 확인하는 데에 오래 걸리지 않는다. 빠르면 하루 늦어도 일주일이다. 모두가 상위 노출에는 글자 수, 사진 수의 일정 기준이 필요하다고 알고 있지만 실제로는 중요하지 않다.

글 2500자~3000자 쓰는 일도 쉽지 않은데 이미지까지 10장 이상을 삽입하라고 한다. 평소 사진 찍는 습관이 안 되어 있는 대상 또는 IT 기기가 미숙하거나 예쁜 사진을 못 담는 사람들은 엄청난 스트레스로 연결된다. 돈을 벌기 위해 내 브랜드를 성장시키기 위해 시작한 블로그가 나에게 수익보다는 스트레스를 가중시키는 요인이 된다면 누가 하고 싶을까.

네이버는 진정성 있는 스토리텔링으로 만든 포스팅을 좋아한다. 상위 노출의 비밀은 마음을 담아 쓰는 글에 있다. 그와 같은 글은 고객으로 하여금 공감을 얻고 수익화로 연결될 수 있다. 여기에 알고리즘까지 가미되어 상위 노출이 되는 경우 수익의 볼륨은 기하급수적으로 상승되는 것이다. 이게 바로 진짜 알고리즘이다.

5)

계속 진화하는 블로그 로직, 어떻게 대처할까?

'로직이 바뀐다' 네이버 창립 이래 희대의 사기

곰곰이 생각을 해보면 7년 전만 해도 나는 얼굴에 그늘이 깊은 사람이었다. 나를 보는 사람들마다 "표정이 좀 밝았으면 좋겠다"는 말을 많이했다. 블로그 마케팅만 최고는 아니다. 인스타그램, 페이스북, 유튜브 등마케팅 도구는 많다. 그런데 나는 왜 과거의 영광을 잊지 못한 채 블로그에 매달려 있는 걸까? 나 개인의 영광이 아니라 전망을 보았다고 하면 가장 정확할 것이다. 퍼스널 브랜딩을 완성시킬 수 있는 수단으로 더할 나위 없는 채널이라는 확신 때문이다. 그리고 내가 만약 블로그 알고리즘을 제대로 안다면 그 뒤에 보상될 기회들을 생각했다. 나는 상위 노출에 자신이 있었고 스토리 콘텐츠에 강했다. 덕분에 그 해답을 찾고자 늘 그늘 속에 살았고, 힘든 시간을 보냈다.

지금은 증명할 수 없지만, 나의 한때는 1세대 파워 블로그였다. 멋진 호텔에서 식사를 하고 이곳 저곳 여행을 다니며 맛집, 영화, 여행 등 다 분야의 카테고리를 섭렵했다. 그렇게 좋았던 한 때가 나에게도 있었다. 2015년경 5만 명에 육박하는 방문자 수가 유입되던 나의 블로그가 저품질이 되기 전까지는 말이다. 인스타그램은 팔로워 수를 기준으로 계정의 가치를 논한다면, 블로그는 일 방문자 수를 기준으로 계정의 우수성을 평가한다.

당신은 파워 블로그들이 아주 대단한 존재라고 생각하고 있을 것이다. 왜냐면 당신이 누리거나 경험하지 못한 삶을 살고 있기 때문이다. 하지만 그들은 단지 블로그를 성실하게 오래 운영했을 뿐이다. 보상을 받는 것이라고 생각하면 된다. 의외로 블로그의 명확한 알고리즘, 로직에 대해서는 상당히 무지하다. 경험으로 미루어 확인된 것 외에는 당황스러울 정도로 아는 것이 없었다. 나의 블로그가 이용 제한을 당했던 이유와 크게 다르지 않다.

그리고 이때 만해도 나는 애송이었다. 이용 제한으로 인해 회복할 수 없는 데미지를 입고 멘탈은 조각이 나버렸다. 당신의 삶 가운데 혹 이런 경험을 해본 적이 없는가? 내가 가진 경쟁력과 노하우 모든 걸 쏟아붓고 있는데 제대로 통하는 게 없는 상황 말이다. 로직에 대한 정보를 있는 대로 싹 다 주워 담기 바빴고 그 로직에 대해 팩트 체크 할 여력은 없었다. 저품질 상황이 풀리면 그게 진짜라는 생각밖에 할 수 없었다. 갈급한 상황에서 정신이 혼미 했고 수단 방법을 가리지 않고 강의도 들어보며 다양한 정보를 수집하고 실행했다.

불가피한 상황이었으니 지푸라기라도 잡아보자라는 심정이었던 것이다. 당신의 모습은 다를 것 같은가?! 만약 저품질을 처음 경험하는 사람이라면 누구나 나와 같을 것이다. 그런데 그렇게 내가 알아낸 정보들은 100% 카더라 통신이었다. 헛소문뿐이었고, 팩트란 존재하지 않았다. 가장 나를 힘들게 했던 것은 블로그의 '로직은 자주 뒤집어지니 방법이 없다'라는 말이었다. 그냥 솔직하게 당신에게 실력이 없고 돈이나 벌고 싶었다고 말하자. 지금도 소문내기 좋아하는 마케터들 때문에 피해를 보고 있는 신입 블로거들이 너무 많다.

소문에 귀를 닫고 네이버에 관심을 가져보자

나는 상당히 집요한 성격을 갖고 있다. 웬만해서는 포기를 모른다. 우연히 문득 나는 한가지 질문을 떠올리게 된다. 블로그를 만든 네이버는 로직을 어디에 숨겨놓았을까, 정말 ai 개발자만 알고 있는 사실이 맞을까, 나는 네이버에는 관심도 생각도 해본 적 없었다. 당신은 어떤가?! 네이버 로직의 변화무쌍함을 들어본 적은 있을 것이다. 그러나 그 정책에 대해 궁금해한 적이 있는가, 네이버에 입사할 생각이 아니라면 보통은 궁금해하지 않는다. 회사의 이념, 방향성, 사업에 대해 크게 관심을 갖지 않는다는 말이다.

어쨌든 이때부터 네이버가 말하는 블로그 운영정책이라는 것을 찾아보게 되었다. 그리고, 이때 네이버 블로그는 어떤 로직(알고리즘)으로 되어 있고, 저품질을 당하는 원인을 확인하게 된 것이다. 물론 나도 로직의 100%를 알지는 못한다. 굉장히 어렵고 디테일하고 수학적 언어로 구성되어 있으며 한국말로 풀이 되어 있는 것도 그냥 봐서는 도통 이해가 어렵다.

그러니 관심을 가지더라도 웬만큼 집중해서 분석하지 않는 이상 이해가 어렵다는 결론이다. 중요한 건 그래서 네이버 로직의 변화에 우리는 어떻게 대처를 해야 하는가. 이 말을 하기 전에 한가지 당신에게 매우 상식적인 질문을 해보겠다. 당신이 어떤 기술이나 콘텐츠를 개발했다고 가정해보자. 그리고 그것을 특허청에 특허 신청을 한다고 해보자. 승인까지 기간이 얼마나 소요되는지 아는가? 특허 출원은 그 절차가 최소 1년은 소요된다.

그렇다. 네이버의 알고리즘은 특허기술이다. 이미 승인된 특허 내용이 마음에 안 들거나 변경사항이 있다고 상시적으로 수정시킬 수 있을까?! 신청 수수료(비용)도 결코 저렴하지 않다. 당연히 네이버의 정책이나 알고리즘은 그 내용이 더 개선이 되거나 발전될 여지는 당연히 있다. 그렇다고 해서 풍문으로 들리는 것처럼 로직이 매달 바뀐다면 특허도 매달 수정되어야 하는 게 맞다. 이쯤 되면 이치적으로 로직이 매번 뒤집어진다는 것은 결코 가능한 일이 아니라는 걸 우리는 알 수 있다. 정책의 변동 사항은 있을 수 있다, 다만 수개월 주기로 업데이트 되고 있을 뿐이다.

대한민국 5%의 실력자들만 알고 있는 부분이다. 일반인이 확인하기 어려운 정보라고 함부로 떠드는 이야기는 오늘부터 잊어라. 알고리즘의 변경으로 인한 결과 값 부재는 있을 수 없다. 정책의 변화가 있을 수 있으며 아직 미처 풀어내지 못한 공식이(logic) 있을 뿐이다.

6)

체류 시간이 블로그 지수를 올린다

30초, 60분 체류 시간, 전혀 의미가 없다

나는 카페나 카톡방을 운영하고 있으며, 이곳에는 아카데미 가족들이 함께한다. 그리고 온라인 마케팅 관련 인사이트를 공급하는 스터디 환경을 조성하고 있다. 그 일환으로 개인 블로그를 통해 다양한 주제의 칼럼을 연재하고 있다. 당연히 나의 포스팅 콘셉트는 퍼스널 브랜딩, 블로그 운영팁, 온라인 마케팅 등 주제다. 최대한 자주 포스팅을 쓰려고 노력한다.

사실 아카데미를 정식 론칭한 뒤로는 블로그를 열심히 운영하지 못했다. 커리큘럼 설계와 비즈니스 미팅 그리고 강의 등으로 분주했다. 그러나 지금은 나를 퍼스널 브랜딩시키는 것과 동시에 수강생 분들에 스터디를 제공하는 것이 목표로 잡혀있다. 나의 게시 글에 작성된 스토리텔링 방식을 벤치마킹하고 글쓰기의 맥락을 이해하라는 취지이다. 대한민국 블로거들이여, 지금 본인이 글을 잘 쓴다고 생각하는가? 자존심을 내려놓고 한 번만 본인의 블로그를 돌아보라. 감성 스토리텔링은 일반 포스팅을 작성하는 느낌과는 전혀 다르다.

그렇게 블로그를 열심히 새로운 이웃 친추가 많이 발생하고 있다. 최근에는 광고 대행사 느낌의 어떤 블로거가 서로이웃을 보내왔다. 그런데 인사말 멘트에 다음과 같은 메시지가 들어 있었다. "서이추 수락해주시면 체류 60분 넣어드려요" 난 많은 생각이 들었다. 내 블로그는 마케팅 인사이트와 강의 활동 관련 글이 기록되어 있다.

그렇다면 둘 중 하나라는 가능성을 열어볼 수 있다. 내가 초보 블로그 강사로 보였거나 광고 대행사의 블로그 운영자가 초보자라는 결론이다. 체류 시간에 대해서는 다양한 설이 존재한다. 첫 번째는 '글을 임시 저장을 하며 오래 작성하라'는 설이 있다. 대신 발행을 하면 절대 안되고 작성 시간을 오래 두라는 의미다.

성실함이 인정되어 블로그의 지수가 좋아질 수 있다는 설인데, 이것은 사실이 아니다. 블로그에서 포스팅을 발행하면 url 즉 주소 값이 형성된다. 글을 발행 후에 url을 확인할 수 있는데 이 주소 값이 형성된 후부터 네이버는 해당 블로그의 검수를 시작한다. 발행 전에는 어떤 식으로 글을 쓰든 네이버 ai의 순서가 오지 않는다는 말이다.

두 번째 발행된 글은 '약 30초 이상 누군가 페이지 뷰를 하며 체류해야 된다'라는 설이 있다. 여기서 짚고 넘어갈 포인트가 있는데 페이지 뷰와 체류는 서로 다른 의미이다. 우선 체류란, 해당 포스팅 글을 읽으며 머물고 있는 시간을 의미한다. 그리고 페이지 뷰는, 해당 블로그의 다른 글들을 추로 읽혀지는 것을 의미한다. 완전히 다른 의미다.

동영상 체류 시간조차 카더라

페이지 뷰는 지수 상승에 확실히 도움을 준다. 이 글 저 글들을 블로그 유입자가 모니터링한다면 상당히 좋은 콘텐츠이거나 칼럼이라는 걸 인정할 수 있는 기준이 만들어진다. 네이버의 ai는 바로 이런 행동 패턴을 보는 것이다. 그러나 30초 이상 체류 시간은 사실은 의미가 없다. 과거 광고 대행사에서 특정 블로그를 운영 대행하는 가운데 장문의 포스팅을 만들고 매크로 프로그램을 돌려보기도 했다. 스크롤바를 5초 단위로 움직이면서 체류 시간을 벌어본 것이다.

여기서 말하는 '체류 시간'과 블로그의 상관관계는 다음과 같다. 해당 글의 내용이 방문자로부터 읽을만한 콘텐츠로서의 가치를 인정받았다라는 식으로 풀이됨을 뜻한다. 이것 역시 사실과 다르다. 콘텐츠의 가치가 아니라 본문의 내용을 얼마나 공감히고 관련성 있는 코넨트를 댓글로 남겨 주느냐라는 소통을 의미하는 것이다.

또한 그동안 당신은 네이버의 서비스를 모두 광고의 개념으로 이해했겠지만 실제로는 다르다. 네이버의 광고 시스템은 거대 유저(커뮤니티)를 활용한 수익 구조의 일환일 뿐이다. 네이버의 본래 방향성은 진정성과 신뢰할 수 있는 콘텐츠를 만드는 것이다. 그렇게 진정 가치가 있는 콘텐츠 즉 포스팅은 누군가에 공유(스크랩)되어지기도 한다. 이것이 가치를 평가하는 기준이다.

생각을 해보니 체류 시간 관련하여 이슈가 되는 게 한 가지 더 있다. 포스팅할 때 반드시 삽입해 주면 좋은 동영상 부분이다. 당신은 동영상의 기준에 대해 어떻게 알고 있는가? 마케터들은 말한다, 동영상은 무조건 넣어야 하며 그 길이도 15초 이상은 되어야 네이버가 좋아한다. 나는 앞에서 콘텐츠로서의 '가치'라는 말을 언급했다. 당신이 만약 영상을 촬영하거나 제작을 하는데 약 10초의 영상이 만들어졌다고 해보겠다. intro와 outro를 제외하고 약 7초 정도의 영상을 통해 어떤 메시지를 전달할 수 있을까. 유튜브 5초 광고용으로 만드는 영상과는 전혀 개념이 다르다.

7초라는 짧은 영상은 콘텐츠로서의 가치를 인정받기 힘들다는 얘기다. 그렇다고 해서 매번 블로그 포스팅을 작성할 때마다 고퀄리티의 영상을 올릴 수는 없다. 일이 일을 만드는 셈이 될 것이다. 정리하자면 영상은 초 단위의 '체류 시간' 기준이 아니라 콘텐츠로서의 기준을 놓고 말하는 것이다. 블로그 지수와 체류 시간은 관련이 없다. 만약 그동안 시간 채우기 위주의 의미 없는 영상 제작에 수고한 부분이 있었다면 오늘부터는 해방되기 바란다.

7)

제목을 길게 쓰면 블로그 지수가 나빠질까?

인플루언서들은 제목을 키워드의 조합으로 만든다

마케팅 공식 용어를 풀이하면 '키워드'는 우리에게 익숙한 말로 '단어'를 의미한다. 당신에게 누군가 네이버가 무엇이냐고 질문한다면 답이 즉시 나오지 않을 것이다. 평소 진지하게 생각해 본 적이 없기 때문이다. 만약 이 글을 읽고 있는 당신이 마케터이거나 마케팅경험자라면 다양한 답변이 도출될 수 있다. 검색 엔진, 포털 사이트, 플랫폼 등 하지만 명쾌한 정의를 내리기 애매한 입장일 것이다. 나는 이렇게 정의를 해본다. 네이버는 마케팅 플랫폼이면서 정보를 서비스하는 검색 엔진 포털 사이트이다.

당신의 실력이 없음을 말하고자 하는 것이 아니다. '그것도 모르면서 무슨 마케팅을 하려고'라며 비난하려는 것도 아니다. 네이버의 마케팅 성격을 얼마나 알고 있는지 궁금했을 뿐이다. 나는 인스타그램을 운영하는 인플루언서다. 팔로워 수가 대단히 많지는 않지만 나름 영향력이 높다. 채널은 인스타그램이지만 블로그 마케팅에 궁금해하는 유저가 생각보다 대단히 많다. 나는 셀러도 아니고 공구나 협찬도 하지 않는다. 나의 콘셉트는 명확하게 강사이면서 비즈니스를 하는 사람이다. 그러나 지식을 전하는 부분에서 그들에게 나는 귀인 같은 존재다. 오아시스 같은 블로그 알고리즘을 때로는 라방으로 때로는 강의로 풀어 주고 있기 때문이다.

인스타그램을 직접 운영해보니 참 다양한 인터페이스(기능)로 구성된 플랫폼이라는 걸 알게 되었다. 당신이 인스타그램 유저라면 릴스와 라방(라이브 방송)은 반드시 해라. 인스타그램의 주력 서비스이면서 플랫폼 활성화와 매출에 도움이 된다. 이처럼 네이버도 중심 채널이 존재한다. 네이버는 마케팅 플랫폼이기 때문에 당연히 검색 광고가 압도적이다. 그러나 그 외 방향성을 꼽자면 바로 커뮤니티인데, 대표적인 서비스가 블로그 카페라는 것이다.

네이버는 광고 플랫폼이면서 '커뮤니티 포털'인 셈이다. 블로그와 카페가 빠진다면 네이버가 지금처럼 거대 유저들을 모으는 것은 불가능했을 것이다. 그렇다면 블로그와 카페는 어떤 기능을 하는 서비스인지 생각해 볼 필요가 있다. 당신은 블로그와 카페에서 주로 어떤 수혜를 보고 있는 가?! 결론은 정보다. 매우 심플하면서 간단하다. 커뮤니티가 모일 수 있는 이유는 관계쉽도 있지만 가장 중요한 것은 정보가 있기 때문이다. 소비자들은 본인들의 니즈를 만족시키는 '정보'라는 배네핏이 없다면 모이지 않는다. 광고 수익은 다음 문제다.

위 블로그는 2023년 3월에 실제 네이버에 검색 노출된 '블로그 인플루

언서'들이다. 제목을 길게 사용하고 있다. 키워드의 개념을 아는 당신이 라면 제목을 보았을 때 느낌이 왔을 것이다. 이것이 검색 엔진에 가장 잘 걸리게 하는 루틴이다. 앞과 같이 키워드의 조합으로 제목을 만들어주면 검색 반영이 잘된다. 하지만 사람들이 검색하지 않는 의미 없는 패턴은 바람직하지 않다. 이유는 검색 엔진에서 사용자들에게 찾아줄 만한 요소 가 없다는 뜻이다. 즉 길게 쓰면 검색이 안 된다는 것은 후자를 두고 하 는 말이다. 전자와 후자는 전혀 다른 케이스를 보여준다.

블로그의 제목 작성법은 벤치마킹과 훈련을 통해 깨달아진다. 나는 다 양한 유료 강의와 무료 세미나를 통해 블로그의 알고리즘을 전달하고 있 다. 그런데 수업에 참여하는 분들이 가장 어려워하는 것 중 하나가 제목 쓰는 방법이다. 내 강의 중에는 쉽게 느껴졌으나 본인이 적용하려면 잘 안 된다. 연습이 필요한 미션이라는 것을 알 수 있다. 지금 나는 네이버 에 대해 다양한 개념들의 디테일을 설명하고 있다. 이유는 나는 마케터 이기 이전에 교육자이기 때문이다. 항상 수강생분들에게 정답을 바로 알 려주지 않는다. 질문을 통해 그들에게 생각하는 방법을 유도하며 답을 유추하도록 만든다.

고기를 잡아 주지 말고 고기를 잡는 법을 가르치라

고기를 잡아주는 것은 의미가 없다. 스스로 학습하고 스스로 인지해서 스스로 실행할 수 있는 이치를 교육해야 한다. 내 말 한마디로 정답을 바로 알려줄 수는 있다. 그러나 그것은 중요하지 않다. 정답을 알아도 실행할 능력이 없거나 왜 그런 결과물이 나오는지 근본적인 이해가 없다면 소용없는 일이라고 생각한다.

앞에서 네이버와 인스타그램의 성격을 왜 비교했을까? 질문 속에 답이 있다. 네이버는 검색 엔진이다. 유저가 원하는 정보를 키워드 기준으로 보여준다는 것이 기본 알고리즘이다. 당신이 블로그에 기록할 때 제목과 본문 내용 그리고 #태그 모든 것이 이에 해당한다. 검색 알고리즘을 이해하고 활용하라는 말이다.

정리하자면 제목은 길게 쓰는 것이 좋다. 단, 말을 만드는 느낌의 의미 없는 서술 구조는 해당되지 않는다. 예를 들어 '상위 노출 잘 되는 블로그 제목 주제 키워드 만드는 방법'과 '블로그는 제목을 길게 쓸수록 좋다, 키워드를 많이 넣자'를 비교해보자. 당신이 보기에도 어떤 문구가 더 키워드 검색에 도움이 되는지 느낌이 왔을 것이다. 어떤 구성 방식의 제목이 검색 엔진 시스템에 유리한지 이제 우리는 알았다. 좋은 카피라이팅으로 제목을 길게 쓸 수 있다면 좋다. 블로그의 활성화와 지수 상승에 좋은 영향을 준다.

BLOG MARKETING

시크릿 블로그 알고리즘, 의심하지 마라

1)

빠른 브랜딩은 마케팅 전략이 좌우한다

믿기 힘들지만 부정할 수 없는 성과를 만들어주는 브랜딩의 힘

마케팅은 기획과 전략에서부터 시작된다. 첫 단추를 잘 못 끼웠다면 유연하고 빠르게 대처를 해야 한다. 만약 집중력을 놓친다면 그 결과는 실패로 끝나는 케이스가 대부분이다. 그리고 A로 효과를 보았으니 A만 하면 문제 없을 거야 이와 같은 생각은 아주 위험하다. 마케팅은 정답이 없으며 트렌드는 언제 바뀔지 모른다. 꾸준히 고민하고 연구를 해야 한다.

지금은 고인이 된 스티브 잡스는 매우 독선적이고 자기주장이 강한 사람이었다. 그렇다고 그의 성향을 손가락질하는 사람은 없다. 왜냐면 결함을 인정하지 않고 가장 완성도가 높은 결과물을 원했을 뿐이기 때문이다. 그의 신념은 혁신이었고 결국 세상을 바꾸어 놓았다. 가끔 컨설팅을 하다 보면 자기 고집이나 주장이 강한 사람들을 종종 본다. 당신은 스티브 잡스가 아니다. 당신은 동료들과 상의는 하지만 실행에 반영할 생각은 없다. 결국 내 생각만 중요하다는 독단적인 타입이다. 신념과 고집을 착각하지 마라.

당신이 만약 회사 오너라면 주변 사람들의 말을 얼마나 수용하고 있는지 피드백 해보자. 혹시 자기 주장만 펴는 전형적인 고집쟁이는 아닌지 생각해보기 바란다. 유연성이 부족하거나 자신의 울타리가 강한 사람들이 있다. 내가 볼 때는 참 답답하고 안타까울 뿐이다. 그들에게 미래는 둘 중 하나다. 스스로의 생각이 깨지는 터닝포인트를 맞이하거나. 영원히 자신만의 울타리에서 사는 것이다.

지금부터는 재미있는 이야기를 해보겠다. 2022년 4월의 이야기다. 지인의 소개로 알게 된 금융업 관련 사업가 한 분에게 마케팅을 의뢰를 받았다. 이건 광고 대행이다. 나는 소개 건이 아닌 이상 광고 대행은 주로 받지 않는다. 작은 비용으로 터무니없는 결과를 원하는 분들이 너무나 많다. 비즈니스를 하는 사람들은 비용 투자를 아껴서는 크게 성장할 수 없다.

본 광고 의뢰의 성격은 예산도 보수도 나쁘지 않았다. 1개월만 광고를 하고 싶어하셨던 마케팅 '운영 기간'이 아쉬웠을 뿐이다. 신생 브랜드였다. 프리랜서를 타겟으로 종소세(종합소득세) 신고 및 떼인 세금 환급이라는 키워드로 종합 광고 운영(IMC)을 하고 싶어하셨다. 문제는 마케팅을 위한 자사 브랜드를 4월에 처음 만들었다는 것이다. 상식적으로 생각해보자. 브랜드 인지도가 없는 업체에서 '떼인 세금을 돌려줄 테니 당신의 개인 정보를 입력하세요'라고 요청을 했다.

듣보잡 브랜드에서 말이다. 우리는 개인 정보의 활용에 민감한 시대에 살고 있다. 당신이라면 어떻게 하겠는가? 결코 누구도 쉽게 개인 정보를 입력하지 않을 것이다. 여기서 말하는 개인 정보에는 이름, 연락 번호, 주소 등이 해당된다. 무리가 있을 것으로 판단되어 만류하였으나 극구 진행을 희망하셨다.

결국에는 약 1주일 기획에 돌입했고, 남은 3주 동안 결과를 만들어 내야 하는 상황이다. 마케팅 효율을 극대화시키기 위해 블로그 마케팅을 주력으로 SNS를 서브로 진행했다. 공격적인 예산을 투입했지만 DB가 들어오지 않았다.

그렇게 5일 정도의 시간이 지났다. '역시 예상 대로인 건가'라는 생각하고 있던 타이밍에 광고주로부터 메시지가 들어왔다. DB가 유입되기 시작한 것이다. 내가 네이버 블로그 마케팅에 집중을 했던 이유는 분명하다. 브랜딩 때문이다. 브랜드 마케팅에는 네이버의 영향력이 가장 크다는 내 예상은 적중했다.

온라인 종합 광고 운영을 할 때는 크게 네이버 SNS GA 3가지 마케팅을 순서를 두어 진행한다. 그 첫 번째 순서는 네이버에서 브랜딩을 잡고, SNS로 화력을 끌어올린다. 그리고 좀 더 예산의 여유가 된다면 네이버 구글 기타 플랫폼들에 배너광고를 한다. 그러나 예산과 시간 관계상 이번 프로젝트는 네이버와 SNS 정도로 빠르게 승부를 봐야 한다. 네이버 마케팅의 주요 전략은 블로그 인플루언서였으며 뉴스, SNS 등에 양적 홍보를 진행했다. 역시나 신생 브랜드라서 약 5일간은 아무런 고객 문의(DB유입)가 없었다. 광고주께 효과를 너무 기대하지 마시라 당부를 드렸기는 했지만 나의 자존심 문제가 더 컸었다.

그런데 6일째 되는 순간, 긍정적인 가능성이 보이기 시작했다. 최초에 네이버와 SNS를 동시 진행했으나 미동조차 없던 컨디션이었다. 브랜드의 정체성을 알 수 없었기 때문이다. 그런데 네이버에 브랜드의 콘텐츠가 도배를 마친 6일째에 최초로 10여 개의 DB가 발생한 것이다. 나는 안도의 한숨을 내쉬었고 솔직히 이 정도만 해도 상당히 괜찮은 결과물이라고 생각했다.

고객번호	진행상태	성명	전화번호	고객생성일자	접속디바이스
12386	고객인증 완료		010-	2022-04-20 00:21:53	MOBILE
12385	고객인증 완료		010-	2022-04-20 00:19:46	MOBILE
12384	고객인증 완료		010-	2022-04-20 00:18:01	MOBILE
12383	고객인증 완료		010-	2022-04-20 00:17:38	MOBILE
12382	고객인증 완료		010-	2022-04-20 00:16:56	MOBILE
12381	고객인증 완료		010-	2022-04-20 00:16:26	MOBILE
12380	고객인증 완료		010-	2022-04-20 00:14:40	MOBILE
12379	고객인증 완료		010-	2022-04-20 00:13:38	MOBILE
12378	고객인증 완료		010-	2022-04-20 00:08:52	MOBILE
12377	고객인증 완료		010-	2022-04-20 00:02:41	MOBILE
12376	세금계산 완료		010-	2022-04-19 23:55:35	ANDROID
12375	세금계산 완료		010-	2022-04-19 23:25:17	ANDROID
12374	세금계산 완료		010-	2022-04-19 23:24:26	ANDROID
12373	고객인증 완료		010-	2022-04-19 23:23:23	MOBILE
12372	세금계산 완료		010-	2022-04-19 23:16:52	MOBILE
12371	세금계산 완료		010-	2022-04-19 23:10:29	ANDROID
12370	세금계산 완료		010-	2022-04-19 23:09:34	MOBILE
12369	세금계산 완료		010-	2022-04-19 23:08:50	ANDROID
12368	세금계산 완료		010-	2022-04-19 23:08:15	ANDROID
12367	부양가족 입력 완료		010-	2022-04-19 23:05:23	MOBILE
12366	세금계산 완료		010-	2022-04-19 22:57:17	MOBILE
12365	세금계산 완료		010-	2022-04-19 22:53:34	ANDROID
12364	세금계산 완료		010-	2022-04-19 22:52:39	MOBILE
12363	세금계산 완료		010-	2022-04-19 22:50:01	ANDROID
12362	고객인증 완료		010-	2022-04-19 22:48:15	ANDROID
12361	세금계산 완료		010-	2022-04-19 22:45:55	MOBILE
12360	세금계산 완료		010-	2022-04-19 22:44:04	PC
12359	세금계산 완료		010-	2022-04-19 22:41:58	ANDROID
12358	세금계산 완료		010-	2022-04-19 22:40:33	TABLET
12357	세금계산 완료		010-	2022-04-19 22:39:26	MOBILE
12356	세금계산 완료		010-	2022-04-19 22:36:20	MOBILE
12355	세금계산 완료		010-	2022-04-19 22:34:02	MOBILE

하루 10여 개씩 20일 간 약 300개 신청자만 있어도 좋은 결과였다. 그런데 3주라는 시간이 흐른 뒤 나의 예상을 뒤엎는 상상도 못 했던 결과치가 나왔다. DB 유입량이 무려 8,000개로 늘어난 것이다. 광고주도 나도 이 정도까지는 전혀 예상하지 못했다. 물론 5월에 신고를 해야 하니 4월의 광고 운영은 '시기 적절함'도 있었을 것이다. 그럼에도 불구하고 겨우 3주간 광고 운영을 했을 뿐이었다. 우리는 여기서 크게 2가지 사실을 확

인할 수 있다. 첫째 신생 브랜드라면 반드시 네이버의 시장을 석권해야 한다. 둘째 단기간의 빠른 매출 상승을 원한다면 예산의 투자 없이는 불가능하다. 우리는 이 사실에 주목해야 한다. 신생 브랜드 였다는 점에서 보아도 경이로운 결과가 아닐 수 없다.

물론 나 혼자만의 성과는 아니다. 팀웍은 있었다. 나는 3주간 잠도 못자고 콘텐츠 기획과 제작에 매달렸고 함께하는 동료가 있었다. 이번 광고 대행 건으로 광고주는 수 십 억원의 수익을 올렸다. 그리고 그 많은 고객들의 정보를 관리하기 위하여 10명 이상의 인원을 신규 고용하기에 이른다. 나는 일자리 창출까지 기여를 한 것이다.

어떻게 이런 결과가 나오게 되었을까? 많은 분들이 블로그 마케팅의 영향력에 대해 반신반의한다. 광고하는 블로그만 많이 보았기 때문일 수 있다. 이해는 한다. 그러나 브랜드 마케팅을 위한 전략과 기획을 제대로 했다면 돌아오는 결과치는 상상을 초월한다. 당신은 어떤 종류의 사람인가? 자신만의 인사이트 안에 갇혀 시작도 안 해보는 실수를 범하지 마라. 절대로 불가능하다는 결론을 이미 내리는 사람 되지 말라는 것이다. 가장 어리석은 일이다. 대기업 브랜드가 아닌 개인에게 그런 일이 가능할까 비웃을 수 있다. 그럼 앞의 성공 사례는 무엇으로 설명할 수 있을까.

고 정주영 회장님이 이런 말씀을 하셨다 "이봐~해보기나 해봤어?" 시련은 있어도 실패는 없다. 나는 이 말을 굳게 믿는다. 자본금이 있어서 종합 마케팅을 공격적으로 할 수 있다면 앞의 사례와 같은 결과물을 만드는 것은 언제라도 가능하다. 아니면 시간을 두고 조금씩 단계를 밟으며 점차적인 가능성을 경험하는 방법도 있다.

브랜드 마케팅의 성공은 결국 유연성을 수반하는 전략이다. 단, 거짓된 콘텐츠를 만들어서 소비자들을 기만하거나 속이는 형태가 아니다. 만약 그렇게 생각한다면 당신은 크게 착각하고 있는 것이다. 생각에 변화가 필요하다. 내가 좋아하는 말이 있다. 양자물리학의 법칙 "생각이 현실을 만든다"

2)

손님을 나의 팬으로 만드는 스토리텔링 전략

진정성은 교감을 만들고, 신뢰는 팬덤을 만든다

현재 수천만의 팬덤을 갖고 있는 스타 플레이어들을 보자. 직업은 다양할 것이다. 모두들 일류가 되는 과정 속에서 스토리를 발생시켰다. 스토리에는 감동이 있으며 팬들과 교감이 가능하다. 그리고 팬들은 그 스토리와 스타의 재능에 열광을 한다. 그 팬덤의 지지와 사랑을 믿고 스타들은 더욱 성장하며 빛을 발휘한다.

나는 본래 알고리즘을 중심으로 강의를 했었다. 마케팅을 하는 사람들은 상위 노출이라는 결과물이 너무 중요하다. 알고리즘을 알고 있다면 상위 노출은 쉬운 미션이다. 그것은 자연스럽게 나의 경쟁력이 되었다. 다만 상위 노출된 블로그의 콘텐츠에 힘이 약하면 결과가 잘 나오지 않는다. 그래서 고민 끝에 퍼스널 브랜딩을 강의를 오픈하게 된다.

워낙 많은 분들이 블로그 카더라 강의에 익숙해져 있어서 받아들이기 어려울 수 있다. 나는 블로그를 상위 노출 시킬 수 있는 공식, 즉 알고리즘에 강하다. 알고리즘을 안다는 것은 내 의지대로 블로그를 상위 노출 시킬 수 있음을 의미한다. 모두가 정답을 알기 어렵다고 하는 블로7의 로직을 나는 수학 공식처럼 풀어낸다. 믿겨지지 않겠지만 사실이다. 그렇다 보니 블로그 저 품질을 예방할 수 있고 최적화 블로그를 만들어 낼 수 있다. 참고로 나는 프로그램을 사용하지 않으며, 정답에 준하여 수작업으로 결과를 만들어 낸다.

블로그 마케팅에서 광고효과를 극대화할 수 있는 전략은 크게 2가지이다. 첫째는 블로그 체험단 마케팅이다. 영향력 있는 블로그 인플루언서를 선정하여 이들에게 서비스를 제공하고 글을 올리게 만든다. 질적 양적 바이럴이 가능하다. 둘째, 1위~7위 사이에 블로그 원고가 검색 반영되는 방식인 상위 노출이다. 상위에 노출이 되어야 광 효과가 있기 때문이다.

체험단의 강점은 주로 머릿수에 의한 양적 바이럴이다. 또 그들 중에는 인플루언서가 섞여 있어서 팬덤의 영향력에 활용 가치를 둘 수 있다. 그러나 단점은 광고주의 사업을 온전히 이해하지 못하기에 메시지 전달력에 한계가 있다. 또한 블로그 마케팅은 알고리즘을 알고 있거나, 상위 노출이 가능하다고 능사가 아니다. 마케팅의 키는 소비자들과의 교감이다. 상위 노출에만 의존하는 기존의 방식이 점점 의미를 잃어 가고 있다는 것이다.

지금의 트렌드는 일방향이 아닌 쌍방향 소통을 온라인에서 하는 시대가 되었다. 코로나198로 인해 온라인세상에서의 관계쉽이나 소통의 역할이 강해졌다. 덕분에 체험단의 팬덤 효과는 더욱 강력해졌다. 그에 반해 상위 노출 영향력은 점점 광고성으로 전락되고 있다.

처음 아카데미를 론칭 하고 강의를 할 때는 이 부분이 결여되어 있었다. 대한민국 상위 5%만 알고 있는 블로그 알고리즘에 대한 자부심이 강했다. 나의 블로그 강의에 대한 경쟁력은 확고했다. 나의 지적 자산을 교육콘텐츠로 만들었고 현재 저렴한 비용으로 공급하고 있다. 상위 노출이라는 결과물을 만드는 것은 쉬웠다. 그런데 풀리지 않는 숙제가 쌓여가고 있었다. 1인 기업가, 소상공인 분들이 마케팅을 하는 주 목적은 지금 당장의 매출을 위해서다. 그리고 자사 브랜드의 성장과 연결시키기 위함이다. 그들에게 대기업과 같은 여유는 없다. 오늘의 매출을 위해 피 같은 돈을 들여 광고를 하는 것이다.

그런데, 상위 노출이라는 결과값은 쉽게 얻을 수 있었지만 수익 구조로 전환이 미비했다. 이에 수강생 일곱 분들의 사기는 갈수록 저하되었다. 왜 마케팅 효과가 안 나올까, 이유가 무얼까 고민을 많이 했다. 그리고 어느 날 무릎을 쳤다! 브랜드 마케팅 즉 감성을 자극하는 스토리가 부족했던 것이다.

나는 자칭 퍼스널 브랜딩 1세대라고 말한다. 이 단어가 주목받기 이전부터 블로그를 통한 차별화된 스토리텔링을 했던 장본인이다. 인하우스의 마케팅 본부장을 역임했을 때 일이다. 밑바닥부터 본부장에 오르기까지 우여곡절은 끊임없이 있었다. 개인과 회사를 브랜딩시키는 마케팅 전략 기획에 힘썼고 결과는 당연히 긍정적이었다. 회사의 매출도 엄청난 상승을 기록했고, 개인의 소득수준도 억대 연봉을 만들었다. 그 당시 근로자들의 연봉 수준을 비교해 볼 때 상위 3%에 해당하는 수준이었다.

기업의 브랜드 마케팅이라는 단어는 직관적으로 생각하면 정말 쉽게 느껴지기도 한다. 어려운 말이 아닐 것 같지만 막상 실행을 못 한다. 실전 퍼스널 브랜딩 훈련을 받아본 적이 없기 때문이다. 머릿속에서 '그래서 어떻게…'라는 질문만 떠오른다. 단순히 기업 스토리 위주로 글을 쓰면 소재는 제품 및 콘텐츠 중심이 될 것이다. 그런 종류의 글은 소비자 입장에서는 재미도 없고 전형적인 상업성 블로그가 된다.

기업 이미지 메이킹은 물론이고, 당연히 수익 구조로 발전 가능성이 적어진다. 블로그는 활성화되지 못하고 상위 노출 역시 어려우니 긍정적인 시너지를 만들기 힘들다. "요즘 1인 기업은 스토리가 있어야 한다"라는 말을 많이 들어보았을 것이다. 솔직히 우리가 직업을 갖는 이유 중 대부분은 돈을 벌기 위해서이다. 그러나 한편으로는 다양한 직업 중에 지금의 비즈니스 아이템을 당신이 선택한 이유가 있을 것이다. 내 아이템 및 콘텐츠의 경쟁력이 무엇인지 알리는 것부터 시작해보자. 대신 광고를 하려는 목적 의식에서 자유롭게 글을 써야 한다. 사회적 니즈 및 소비자의 필요를 설득력 있게 정보성 글처럼 기술해 보는 것이다.

스토리텔링은 개인 또는 브랜드의 이미지를 글로써 설득력 있게 표현하는 행위를 말한다. 스토리는 '나'라는 사람의 이미지를 만들어준다. 그리고 사회적 위치와 영향력까지 만들어 낼 수 있는 굉장한 무기가 된다. 즉 스토리라는 무기를 활용해서 브랜드 마케팅을 완성시켜보자. 무엇과도 대체될 수 없는 영향력이 만들어진다.

앞에 글 중반부에 언급했던 인하우스 마케팅은 그렇게 완성된 결과물이었다. 내가 고객들에게 제공할 수 있는 가이드 역할의 진정성 및 사회적 니스를 스토리화시켰다. 내가 직접 실행해서 얻은 결과물이었고, 지금까지도 성공적인 퍼포먼스로 남아있다. 자~! 스토리를 완성하면 당신에게는 존경하고 추종하는 팬덤이라는 인프라가 생겨난다. 팬덤이라는 단어는 본래 스포츠나 영화계에서 사용되는 말이었지만 지금은 '커뮤니티'라는 확장된 의미로 사용되고 있다.

당신이 무슨 말을 해도 무슨 일을 해도 믿어주고 따라와주는 소중한 팬들이 생긴다. 그 규모는 클수록 좋다. 다만 그들을 영리 추구의 목적으로 이용해서는 안 된다. 그들은 어리석지 않다. 상생의 목적으로 유익을 함께 나눈다. 당신의 진정성과 나눔을 신뢰하게 만들어라. 사업의 규모와 브랜드는 기하급수적으로 성장될 것이다. 믿을 수 없겠지만 스토리의 힘은 이 정도로 거대하다. 당신 스스로를 퍼스널 브랜딩하기 위해 힘써라. 브랜드에 스토리를 담기 위해 고민하고 연구하고 기획하라. 스토리를 한방에 완벽하게 만들 수는 없다. 나도 상당 시간이 걸렸다. 지금은 고된 시간이 되겠지만 잘 만든 스토리는 장차 당신을 정상에 오르게 만들어 줄 것이다.

3)

적은 예산으로 하루 만에 끝내는 브랜디드 블로그

올바른 블로그 마케팅, 매출 10배 신장 스토리

브랜딩의 과정은 결코 쉽지 않다. 이유는 기획, 전문성 그리고 시장에 대한 이해도가 필요하기 때문이다. 사업을 시작하는 당신이 그 분야에 있어서 어느 정도 베테랑인지 나는 알 수 없다. 그러나 대기업 같은 국민 브랜드가 아니라면 어차피 소비자들이 생각할 수 있는 수준이나 범위는 한정적이다. 경력이 많고 전문성이 높다면 플러스 요소는 될 것이다. 그러나 마케팅을 잘하는 브랜드 앞에서는 무용지물일 수 있다. 결국 당신은 차별화된 브랜드 스토리와 더불어 마케팅 전략이 반드시 필요하다.

자신의 생각과 가치를 하나의 콘셉트로 콘텐츠화하여 세상에 알리는 작업을 하는 것이 기획 단계이다. 그리고 시장조사는 동종 업종을 스터디하고 어떤 차별성과 경쟁력을 갖출 것인지 고민하는 과정이다. 생각해 보면 콘셉트 기획과 시장조사는 동시에 진행되어야 맞다. 그리고 당신이 이 사업에 진심이라면 마케팅에 시간을 끌어서는 안 된다. 시간은 빠르게 흐르며 트렌드도 빠르게 변하고 전파된다.

당신의 사업이 틈새 시장이고 기발한 아이디어에서 파생되었다 해보자. 그러나 생각은 당신만 할 수 있는 일이 아니다. 교육을 하는 일이 즐거워서 강의를 하고 있지만, 나의 방향성은 비즈니스 성격이 더욱 강하다. 당신이 전형적인 사업가라면 비즈니스 마인드가 어떤 의미는 알 것이다. 마케팅은 신중하되 스피드하게 움직여야 한다. 사업을 처음 해보거나 마케팅에 대한 경험이 없는 사업가들에게 공통점이 있다. 마케팅 플랜을 짤 때는 굉장히 여유가 많다. 일단 기대치가 낮거나 없기 때문이다. 일을 크게 만드는 걸 의외로 두려워하며 온라인 마케팅 트렌드에 상당히 둔하다. 안심하지 마라! 누군가 반드시 당신보다 앞서갈 수 있다.

당신이 머리를 예쁘게 하고 싶다면 동네 미용실을 검색해볼 것이다. 굳이 차를 타고 30분 이상 거리에 있는 어느 미용실을 찾지는 않을 것이다. 또 동네에도 미용실은 몇 개씩 있어서 간단히 지도 검색만으로도 알아낼 수 있다. 그럼에도 만약, 약 20분 내외 거리의 미용실을 간다면 그럴만한 이유가 있다는 것이다.

비금도라는 섬이 있다. 목포에서 뱃길을 타고 들어가야 닿을 수 있는 곳이다. 이곳에는 제철 채소를 재배하는 젊은 귀농 부부가 있다. 나와 2022년 가을에 만나서 겨울을 대비한 블로그 마케팅 전략 기획을 미팅을 했다. 블로그는 스토리텔링에 최적화된 플랫폼이며 스토리 콘텐츠는 그 기획에서 파생된다. 총 2회 미팅을 했는데 1회 때는 컨설팅을 받았고, 2회 때 블로그 강의를 듣고 갔다.

중요한 것은 부부가 그 먼 곳에서 나와의 미팅을 위해 배를 타고 기차를 타고 서울까지 왔다는 점에서 감동이 컸었다. 절대 쉬운 일이 아니다. 확신이 없이 한번 만나보고 싶다고 1시간 내외 거리를 이동하는 것도 아니고 그 먼 거리를 이동한다는 것이 말이다. 그 정성에 감동한 나는 최선을 다해서 블로그 컨설팅 및 강의를 제공했다.

그리고 정확히 2주가 지난 뒤, 빈번한 소통을 하며 블로그 포스팅을 달리던 이들 부부로부터 연락이 끊겼다. 하루 이틀이야 그렇다 치는데 1주일이 넘는 시간 소통이 부재했다. 무슨 일이라도 생긴 걸까? 궁금해서 내가 먼저 전화를 해보았다. "현재 남편의 건강이 안 좋아서 혼자 일을 하고 있다"는 소식을 들었다. 감기 몸살을 앓고 있었던 것이다.

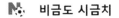

비금도 시금치

통합   VIEW   이미지   지식iN   인플루언서   동영상   쇼핑   뉴스   어학사전   지도

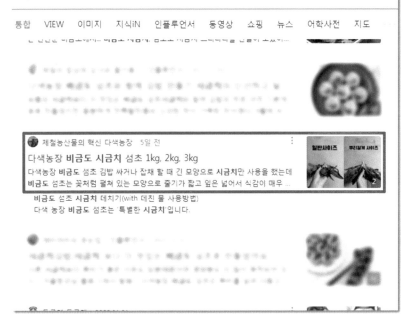

제철농산물의 혁신 다색농장   5일 전

다색농장 비금도 시금치 섬초 1kg, 2kg, 3kg
다색농장 비금도 섬초 김밥 싸거나 잡채 할 때 긴 모양으로 시금치만 사용을 했는데
비금도 섬초는 꽃처럼 펼쳐 있는 모양으로 줄기가 짧고 잎은 넓어서 식감이 매우 ...

비금도 섬초 시금치 데치기(with 데친 물 사용방법)
다색 농장 비금도 섬초는 '특별한 시금치'입니다.

중요한 것은 바로 그 다음 대사였다!! 2주간 발행된 블로그 포스팅 중에는 섬초(시금치) 내용이 글이 있다. 지금이 제철인 시금치는 즉시 판매를 해야 했기에 마케팅 콘텐츠를 만들어 본 것이다. 그런데, 이 포스팅으로 인해 '주문량이 10배 정도 늘었다'는 것이다. 덕분에 강철 체력을 자랑하던 남편이 수확과 배송일에 지쳐 누워 있다는 것이다. 기뻐해야 할지 위로를 해야 할지 모르겠지만 나는 기뻐하고 싶다. 몸은 곧 회복될 것이다.

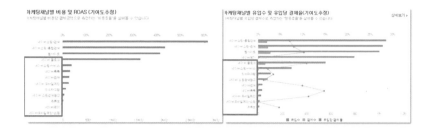

마케팅채널별 비용 및 ROAS (기여도추정)

마케팅채널별 유입수 및 유입당 결제율(기여도추정)

블로그 마케팅으로 'ㄷ' 농장은 1년 치 매출을 수개월 만에 만들었다는 것이 중요하다. 그런데 당신이 알아야 할 사실이 하나 있다. 비금도는 배를 타지 않으면 육지로 나올 수 없다. 고객들의 얼굴도 쉽게 볼 수 없는 업무 조건이다. 또한 제철 채소인 시금치를 재배하는 비금도는 몹시 추운 곳이다. 시금치는 추운 환경에서 재배해야 그 당도가 매우 높아진다고 한다.

섬 초는 그 퀄리티를 자랑이라도 하듯 할인 마트에서 구매하는 것 보다 가격이 높다. 그럼에도 고객들은 반드시 'ㄷ ㅅ농장'에서 재배되는 '섬 초'만 찾는다는 것이 큰 특징이다. 블로그 컨설팅을 받아보려 했던 확고한 결단은 브랜딩의 완성이라는 결과를 만들었다. 블로그를 활용한 수익구조를 만드는 데 성공한 것이다. 만약 이 부부가 광고 대행사에 위탁을 했거나 소위 최적화 블로그를 구매해서 안정된 미래를 꿈꾸었다고 해보자. 블로그 관리는 어떻게 할 것이며, 광고 대행사의 결과물은 보장할 수 있겠는가? 투자는 과감히!! 그러나 최소한의 비용으로 반영구적인 브랜드의 완성과 수익의 성장을 만들어 낸 것이다.

4)

블로그 마케팅 이것만 알면 매출이 오른다!

소비자가 싫어하는 광고는 그만, 가슴을 쳐라

상위 노출 마케팅은 네이버 유저라면 모두의 과제일 것이다. 나에게는 너무 쉬운 일이지만, 보통은 혼자 힘으로 할 수 있는 사람은 매우 희소하다. 광고 회사나 블로그 인플루언서를 활용한다. 이때 비용 투자는 불가피해진다. 다만 비용을 투자한 만큼 사장님들 모두에게는 매출 상승이 동일하게 약속되어야 한다. 블로그 상위 노출이나 그 밖의 광고 운영에 따라 반드시 긍정적인 결과가 나와야 한다. 그런데 결과는 어떠한가? 의외로 블로그 마케팅이 효과가 없는 경우가 더 많다. 그럼 내 아이템 또는 우리 회사는 블로그 마케팅이 효과가 없는 것 같다는 판단이 서게 된다. 그리고 솔루션을 찾기 위해 마케팅 효과가 좋다고 하는 또 다른 광고 플랫폼을 알아본다. 그렇게 해서 알게 된 채널이 대게 인스타그램과 유튜브다.

인스타그램은 어느 정도 개인이 운영할 만 하지만 유튜브는 진입 장벽이 생각보다 높다. 영상 기획, 촬영, 편집까지 잘 해야 되기 때문이다. 여기까지 알아본 사람들은 '블로그 체험단'에 무게를 싣고 막연한 희망을 걸어본다. 그 효율이 속 시원하지 않지만 전혀 배제할 수도, 다른 방법도 없기 때문이다. 뭔가 부족하다는 말인데, 당신의 사업은 무엇이 문제라서 남들은 좋다는 블로그 마케팅이 안 되고 있을까. 심지어는 옆집 a사장은 체험단을 활용하지 않고 있다. 심지어 본인이 직접 블로그를 운영하고 있는데 매출이 잘 되고 있는 것이다. 이유가 궁금하다면 벤치마킹을 해보자.

첫째, 글로 상대방에게 나의 이야기를 재미 있고 설득력 있게 전달하는 '스토리텔링' 과정이 필요하다. 마케팅 분야에서 스토리텔링에 최적화된 플랫폼 서비스는 바로 블로그다. 그런데 지금의 당신의 비즈니스는 블로그로 성과를 못 내고 있다. 그리고 많은 사람들이 블로그에 신뢰를 보내지 못하고 있다. 왜냐면 온통 광고글 밖에 보이지 않기 때문이다.

스토리텔링의 진정한 의미는 진정성이 느껴지는 성의 있는 글, 공감과 감동이 있는 글을 의미한다. 소비자들을 그런 글을 원한다. 항상 동일한 맥락에 제품 판매만 하려는 목적이 분명한 포스팅을 싫어한다. 블로그 사용법을 모르기 때문에 이와 같은 현상이 생기는 것이다. 당신이 만약 이 과정에 속한 상황이라면 미안하지만 당신은 블로그를 모르는 사람이다.

상위 노출 알고리즘은 그다음 순서다. 스토리가 없는 글은 상위 노출되어도 만족스러운 시너지를 만들어내기 어렵고 소비자들은 싫어한다. 당신도 그런 글을 싫어하지 않은가? 소비자들에게 내 글을 봐달라고 강요하지 말고, 가슴을 치는 스토리 콘텐츠를 만들어라.

둘째, 나의 메시지를 이해했다면, 그다음 순서는 역시 '알고리즘'이다. 제 아무리 좋은 콘텐츠를 생산할 수 있어도 소비자들의 눈에 안 띄면 의미가 없다. 네이버를 제대로 학습한다면 당신도 상위 노출 전문가가 될 수 있다. 네이버의 시스템을 알고 있어서 활용만 하면 언제든 어떤 경우에는 상위 노출을 만들어 낼 수 있다.

명심할 것은 블로그에 포스팅 작성하기 앞서 제목, 키워드, 글의 콘셉트까지 3가지는 반드시 생각해야 한다. 글의 콘셉트를 잡았다면 제목으로 사람들의 마음을 잡을 수 있는 카피라이팅을 만들어보자. 어떤 뉴스

기사나 SNS 글 앞에서 시선이 멈춰 본 경험이 많을 것이다. 당신의 시선을 집중시키고 글을 읽게 만드는 요소가 있다. 이것이 바로 카피라이팅이다. 초보자는 처음에 어렵겠지만 관록이 쌓이면 쉬워진다. 기획에 조금 머리가 아플 뿐이다. 잘 만든 제목은 소비자들이 다른 행동을 멈추고 시선이 집중하게 만드는 역할을 한다.

당신이 글을 쓰는 목적이 있을 것이다. 비즈니스, 일상, 취미 등 만약 당신에게 패러글라이딩이라는 취미가 있다고 해보자. 그럼 본인의 취미에 대한 글을 쓸 텐데, 패러글라이딩이라는 설정이 없다면 글은 산으로 간다. 글의 중심과 방향성은 매우 중요하다. 하나의 포스팅 속에 펜션, 맛집, 취미 모든 걸 담을 수 없다. 그렇게 되면 독자 입장에서는 무슨 말인지 알 수 없는 글이 되기 쉽다. 일관성 있는 글을 써야 한다는 말이다. 그래서 제목이 우선 설정되지 않으면 글이 매우 산만해진다.

나에게도 과거에 비슷한 경험이 있다. 초보 블로그였던 시절 글 하나를 쓰는 데 3시간이 소요된 적이 있다. '이대로는 글이 끝날 것 같지 않다. 어쩌지? 내용이 너무 많은가?' 나는 결정을 해야 했다. 3시간이 아까워서 진행을 계속할지 아니면 내용을 정리하여 앞으로 30분안에 끝낼지 말이다. 나의 선택은 후자였고 덕분에 추가 포스팅을 다양하게 할 수 있었다. 글을 쓸 때 무리한 욕심을 내서는 안 된다.

마지막으로 콘셉트를 이야기해 보겠다. 당신이 어떤 주제의 글을 작성하든 마찬가지다. 콘셉트가 없는 글은 방문자들이 가장 싫어하고 이탈을 야기시킨다. 무슨 말인지 이해도 어렵고 재미가 없다. 콘셉트는 생각보다 매우 중요하다. 후기, 일상, 비즈니스, 공감 등 어떤 방향에 맞추어 글을 쓸지 정하자. 과거에는 서로의 공감대가 잘 형성되었던 블로그들끼리 모임을 가졌던 시절도 있었다. 지금의 SNS 커뮤니티처럼 말이다.

소비자의 성향을 분석할 줄 알아야 더 효과적인 마케팅이 될 수 있다. 당신이 블로그를 처음 하는 대상이라면 특히 이점을 잊어서는 안 된다. 당신의 비즈니스 아이템에 자신감이 있다면 소비자에게 그 가치를 전달하는 글을 써 보자. 공감 포인트를 어떻게 만들지 기획하고 고민하라. 단지 내 아이템을 홍보하려는 목적에서 벗어나 소비자가 생각하는 언어로 주제를 만들어보자. 나는 정답을 알려주는 역할이 아닌 방향을 제시하는 사람이다. 노력이 없는 성공은 있을 수 없으며 인계점은 빠르게 찾아올 것이다. 본인의 사업에 열정이 있는 당신이라면 스스로 답을 찾을 수 있을 것이다.

5)

공식을 알면 인스타, 유튜브보다 10배 쉽다

나의 이야기를 그냥 담아보자, 마치 일기처럼

유/소년기에 일기 혹은 편지나 이메일을 써 본 경험은 누구나 있다. 블로그의 글을 쓰는 것을 너무 어렵게 생각하지 말자. 당신이 인플루언서를 지향한다면 정보성 글이 중심이 되어야 한다. 그러나 이 책을 읽는 당신은 기업인, 소상공인, 자영업자라면 일상 정보성 글 위주로 블로그를 운영할 수는 없다. 방법을 알려주겠다. 에세이 같은 콘셉트의 글을 쓴다고 생각해보자. 형식에 구애 받지 말자. 우리는 일기를 쓸 때 주로 무슨 내용을 썼을까, 대단한 형식의 기준은 없었을 것이다. 유년기 때는 엄마, 아빠 가족 이야기를 썼을 것이다. 그리고 초등학교에 입학하는 청소년기에는 조금 이야기거리가 확대될 것이다. 친구들, 선생님, 학원, 취미, 부모님 등 유년기 때보다 소재의 범위가 넓어진다. 개인적인 소재라고 생각할 수도 있지만, 이것이 스토리다.

한가지 예를 들어보자. 당신은 자격증 공부를 하러 학원을 방문한다. 학원의 위치와 비용만 보고 등록을 결정하지는 않는다. 자격증을 무조건 기간 내에 취득하려면 교육과정 및 강사의 능력이 중요하다. 그럼 결국 학원의 브랜드는 두 번째 문제이고 강사를 보고 등록한다. 그 강사의 이력, 퍼포먼스, 후기 이 모든 소재가 강사의 피알 요소가 된다. 이 요소를 글로 표현해 보는 것이다. 결국 당신은 팬덤을 형성할 수 있도록 브랜딩 스토리를 만들어야 한다는 것이다. 그리고 문어체로 기록하되 마치 말하는 듯한 느낌으로 써 보자.

참고로 나는 책을 많이 읽는 편이 아니다. 책을 싫어하지는 않는다. 다만 다른 여러 가지 계획 중에서 우선 순위가 밀려서 잘 읽지 않게 될 뿐이다. 보통 작가들의 성향은 책을 많이 읽고 즐겨 읽는 사람들이 많다. 또 그런 사람들이 글을 쓸 수 있다고 생각했다. 그럼에도 내가 글을 쓸 수 있는 것은 모든 것이 다 내 경험이기에 가능했다. 10년 이상의 블로그 운영 경험이 가능케 해줬다.

나는 블로그를 활용한 퍼스널 브랜딩 관련 강의를 들어본 경험이 없다. 흥미가 없었다. 요즘으로 치면 그 흔한 인문학 강의도 들어본 일이 없다. 어떤 내용의 강의를 할지 너무 잘 알기 때문이다. 뻔한 소리를 비용까지 지불하고 듣는 행위는 어리석다는 게 내 지론이다. 물론 인생의 방향을 헤매거나 자아의 성장을 위해 학문을 갈구하는 사람이라면 들어보길 추천한다. 내 삶에는 정답이 있기 때문에 나에게는 필요가 없을 뿐이다.

2010년경, 당시만 해도 아직은 풋내기였던 시절, 나도 블로그 강의를 들어본 적은 있다. 광고 회사 경력은 있었지만, 블로그의 디테일은 약했다. 내가 모르는 무언가 있을 줄 알았지만 역시나였다. 나도 한때는 피해자였고 그리고 카더라 강의를 하는 강사들을 보면 마음이 불편하다. 그런 내가 퍼스널 브랜딩 1세대가 될 수 있었던 원동력이 무엇이었을까? 블로그 마케팅 회사에서 일했던 커리어를 무시할 수는 없다. 그러나 마케팅회사에서 배운 것은 전반적인 인사이트와 글을 쓰는 방법을 배웠을 뿐이다.

나 자신을 홍보하는 방법은 배운 적이 없다. 단지 연구하고 매일 같이 고민했을 뿐이다. 그 고민의 시간들이 나에게 유명세를 안겨 주었다. 아주 우연이지만 필연적인 기회에 인하우스로 이직을 하게 되었다. **IT학원에 소속 임직원으로 일할 기회가 있었던 것이다. 광고 대행이 아닌 나를 브랜딩하면서 수강생들에게 감동과 신뢰를 전달했다. 내가 했던 건

단지 나라는 사람의 진정성 알리기 위해 노력했고, 전문가처럼 보이고 싶었다. 내가 가진 능력과 인사이트를 총동원했다.

학생이나 학부모와 상담을 하는 것도 내 업무 중 하나였다. 놀랍게도 나는 상담사 출신이기도 하다. 성공적인 상담을 하려면 경청도 중요하지만, 커리큘럼의 이해가 완벽해야 했다. 커리큘럼 설계를 해야 하는데 내가 모르는 것이 있다면 해당 강의를 직접 듣고 강사와 소통하며 정보를 얻었다. 필요하면 책을 보며 지식을 쌓았다. 이 정도 열정은 있어야 남들과 차별화된 노하우를 갖출 수 있다. 그렇게 나를 믿어준 이들에게 책임을 느끼고 최선을 다해 일했다. 이 과정을 계기로 나는 다른 교육 기관으로 이직을 하며 본부장까지 역임했다. 여담을 하자면 수업을 할 수 있을 정도의 성장도 있었다.

그리고 그런 나의 모습을 '그냥' 블로그에 담았다. 블로그는 개인 또는 기업(브랜드)의 이야기를 담는 공간이다. 블로그는 마케팅을 용도의 네이버의 서비스이며, 브랜드 마케팅을 위해 최적화된 플랫폼이 맞다. 그러나 제품을 홍보하거나 광고하려고 힘을 주지 말고 나처럼 당신의 이야기를 해라. 많은 사업가들이 제품 홍보 스토리텔링에서 실패와 좌절을 맛본다. 이유는 지극히 상업적이며 소비자들이 싫어하는 전형적인 포스팅 하고 있기 때문이다. 그리고 이웃과 소통하라. 다만 소통하는 데 스트레스 받지는 말자, 당신과 진정성 있게 소통하는 몇몇 사람들하고만 관계를 맺으면 된다. 나랑 친하고 싶지 않아 하는 대상에게 매일 소통을 시도하며 상처받을 필요는 없다.

    SNS 채널 인스타그램과 블로그는 성격이 분명하게 구분된다. 네이버는 검색 엔진이고 콘텐츠의 휘발성이 없지만, 인스타그램 휘발성이 강하며 검색이 용이하지 않다. 그러나 공감대를 형성하고 관계쉽을 만든다는 데서 비슷한 부분도 있다. 분명 네이버는 블로그를 운영 방향에서 소통에 대한 부분을 매우 강조했다. 그러나 블로그 인플루언서조차도 이웃 소통은 하지 않는다. 세상을 나 한 사람이 바꿀 수는 없다. 진정성 있게 당신과 대화하길 원하는 이웃하고만 소통을 해도 사실 충분하다. 당연히 당신이 블로그 인플루언서가 되면 팬덤의 볼륨만큼이나 댓글들은 엄청나게 늘어날 것이다.

    유튜브처럼 영상 편집 프로그램을 알아야 하는 미션이 없다. 고가의 장비도 필요 없다. 인스타그램처럼 매일같이 의무적으로 피드를 발행해야 되는 것도 아니다. 블로그를 1일 1포스팅 하는 것은 권장사항이지만, 상위 노출과는 상관관계가 없다. 상위 노출은 알고리즘으로 만들어 내는 것이다. 만약 블로그의 지수를 올려서 상위 노출을 만들겠다면 인플루언서처럼 성실하게 활동해야 한다. 당신은 기업 운영까지 하면서 그럴 자신은 솔직히 없을 것이다.

    그렇다면 결론은 장비도 필요 없고, 상위 노출을 위해 매일 글을 써야 하는 강제성도 없다. 설마 노트북이나 데스크탑이 장비라고 하면 나도 할 말은 없다. 글은 모바일로도 작성하는 사람들도 많다. 이건 본인이 선택하면 된다. 글자 수 제한도 사진 수 제약도 없다고 했다. 키워드에 대한 이해와 검색 엔진도 확인했다. 그럼에도 블로그가 어렵다면 당신은 게으른 사람이거나 시간 관리를 못하는 사람이다. 정말 블로그는 알면 대단히 쉽고, 모르면 평생 어려운 넘사벽의 마케팅 채널이다.

6)

휘발성 없는 반영구적인 블로그의 효과를 믿어라

한 가지만 기억하자, 네이버는 검색 엔진이다

일당백이라는 말이 있다. 한 명이 백 명을 상대한다는 뜻이다. 얼마나 멋진 말인가. 1인 기업도 충분히 가능하다. 일반적인 방법으로 대기업에 승리하거나 어깨를 나란히 하는 것은 불가능하다. "꾸준함과 열정을 무기로 성실하게 일하면 보상이 있다"라는 말을 많이 들어보았을 것이다. 여기서 한가지 포인트를 집어보고 싶다. 생산성 있고 지혜로운 방법으로 성실하게 일한다면 결과는 반드시 나온다. 그러나 잘못된 전략으로 성실하게 일한다면 미래는 약속되지 않는다. 당신이 1인 기업이라면, 꾸준하게 양적 바이럴을 진행하라. 일당백 그 이상이 가능하다. 내가 당신에게 추천하는 블로그는 휘발성이 없기 때문이다.

지금의 당신의 브랜드는 인지도나 이미지 메이킹이 약하다. 속상한 이야기지만 인정하자. 그래야 다음 순서를 빠르게 생각할 수 있다. 장기적인 히스토리를 남기려면 휘발성이 없는 콘텐츠가 필요하다. 결국 홈페이지와 같은 역할을 할 수 있고 소비자들이 언제든 찾아 볼 수 있어야 한다. 여기에 감동까지 줄 수 있으면 완벽한 콘텐츠가 된다. 나는 그것이 가능한 마케팅 서비스를 블로그라고 말한다. 실제로 블로그를 운영해 본 이들이라면 모두가 인정할 것이다.

우리 모두는 상위 노출이라는 단어에 관심이 너무 쏠려 있다. 상위 노출은 중요하다. 눈에 잘 띄어야 브랜딩에 유리하며 수익으로 전환율이 높다. 그러나 상위 노출된 한 개의 포스팅이 기업의 브랜드 전부를 설명해 줄 수는 없다. 생각해보자. 당신이 맛집을 찾아가려고 검색을 하고 있는데 블로그든 유튜브든 일부 콘텐츠밖에 존재하지 않는다. 없는 것보다는 나아서 영향력을 행사했던 과거 사례들이 있다. 그러나 지금은 시대가 바뀌어 경쟁사는 더 많아지고 콘텐츠는 넘쳐난다.

또 한때는 홈페이지가 기업의 위상을 높여주는 최고의 마케팅 전략으로 통했다. 지금은 1인 기업들은 대체로 홈페이지를 만들지 않는다. 비용도 비용이지만 관리에 대한 리소스가 크고 마케팅을 별도로 신경 써야 한다. 우리는 정보의 홍수를 넘어서 콘텐츠의 홍수 시대에 살고 있다. 홈페이지를 아무리 멋있게 구축시켜 놓아도 결국 검색광고나 SNS에 연결시키는 수고로움이 수반된다.

가장 좋은 방법은 블로그나 SNS 같은 채널을 잘 세팅해서 무료로 홍보하는 것이다. 관리에 대한 수고는 되지만 비용 손실이 없게 된다. 이 시점에서 우리가 블로그에 관심을 집중해야 할 이유가 있다. 내가 블로그 강사라고 해서 다른 채널을 평가절하하는 일은 하지 않는다. 객관적인 팩트만 제시해보겠다. 인/블/유 '인스타그램, 유튜브, 블로그'를 줄여 놓은 말이다. 이 중에서 어떤 채널이 검색 엔진인가! 생각할 것도 없이 블로그다. 이 글을 읽고 있는 당신의 아이템이 어떤 것인지 알 수 없다. 그러나 분명하게 아는 것은 동종 업종에 경쟁자가 많을 것이라는 사실이다.

참고로 나는 교회를 다닌다. 과거 나의 마케팅 능력을 높이 평가하고 같은 교회의 집사님 한 분이 계셨다. 의류 사업 론칭을 나와 함께기길 원했다. 아이템은 의류이고, 타겟은 교회 목회자 또는 교역자분들이다. 마케팅 키워드는 '교회 단체 티, 단체 티 주문 제작'이다. 집사님은 교회 단체 티를 만드는 기업이나 단체가 별로 없을 것이라고 판단했다. 즉 경쟁사 없는 교회를 대상으로 하는 블루오션이라고 생각했다.

이게 함정이었다! 관련 아이템은 상관관계가 있는 소위 크리스천 기업에서만 팔 거라고 생각했다. 당시 나의 인사이트가 짧았던 것이다. 의류회사라면 어느 기업이나 수익이 보인다면 교회 단체 티는 손쉽게 만들 수 있다. 그냥 단체 티를 만들고 교회 로고나 카피를 새긴 뒤 배송시키면 끝이다. 자체 공장을 가진 회사라면 가성비 저렴한 티 제작은 얼마든지 가능하다. 어차피 주문 제작이니 아이템의 성격은 오더에 맞춰서 제작하면 된다. 만약 나이키 회사에서 교회 단체 티를 제작한다고 해보자. 브랜드의 신뢰도는 말할 것 없고, 가격까지 저렴하다면, 어느 업체가 선정되겠는가. 답은 너무나도 뻔하다.

대한민국 NO.1 유저 점유율, 네이버

다시 블로그 마케팅 이야기로 돌아와보자. 아까 우리는 콘텐츠의 홍수 속에 살고 있다고 말한 것을 기억할 것이다. 유사 아이템과 경쟁사는 당신의 상상 이상으로 많다. 그 치열한 경쟁 속에 살아남기 위해 당신에게는 반영구적 콘텐츠가 무조건 필요하다. 일단 대기업에는 상대가 절대로 안 될 것이다. 동종 1인 기업 역시 의외로 많고 그들은 이미 휘발성 없는 콘텐츠를 세팅했다. 이러한 상황 속에서 만약 당신이 준비가 안 되어 있다면 어떤 미래도 기대할 수 없다. 그래서 꾸준하고 지속적인 포스팅 발행은 무조건 필요하다.

그런데 물리적으로 개인이 블로그 포스팅을 대량 생산하기에는 한계가 있다. 그래서 블로그 인플루언서를 활용한 '체험단 마케팅'의 활용도가 높을 수밖에 없다. 체험단 블로그를 활용한 양적 바이럴은 히스토리를 빠르게 남길 수 있으며, 상위 노출도 가능하다. 이들의 아쉬운 점은 사장의 메시지를 온전히 전달하는 게 수월치 않다는 한계성이 있다. 그래서 나는 상위 노출이 가능한 운영 중인 공식블로그가 반드시 있어야 한다고 말한다.

그리고 어떤 기업이든 공식 운영 채널이 없으면 체험단의 효과를 제대로 보기가 어렵다. 그리고 기업 오너의 스토리가 담긴 콘텐츠 마케팅은 반드시 필요하다. 현대 그룹 고 정주영 회장의 정신은 지금도 살아서 우리들의 입으로 전파되고 있다. 이렇게 인플루언서 마케팅과 공식블로그가 양적 질적으로 형성되었다면 당신의 기업은 가파르게 성장할 것이다.

네이버 마케팅이 유리한 이유는 인정할 수밖에 없는 유저 점유율이다. 수요는 많고 검색 엔진은 나의 브랜드를 언제든 노출 시켜준다. 대표 키워드로 상위 랭크 안 되어 있어도 소비자에게 다양한 검색어로 노출이 되도록 돕는다. 이것이 휘발성이 없음을 증명하는 것이며 검색 엔진의 경쟁력이다. 여기까지 이해되었다면 지금부터 네이버 마케팅을 정복해 보자!

7)

잘 만들어놓은 블로그 하나로 멀티 마케팅까지!

우리의 삶은 Social Networking

블로그의 니즈와 중요성을 모르는 분들은 없다. 다만 당장 개개인의 현실에서 급한 과제가 아니다. 또 잘 몰라서 진입하지 않거나 시간을 두고 있을 뿐이다. 또한 로드 매장 갖고 있으면서 탄탄한 지역 내 인지도와 단골 손님을 보유했다면 역시 급하지 않다. 이미 기반을 잘 다진 사업체 역시 온라인 마케팅의 필요성을 크게 느끼지 못했다. 적어도 코로나19 이전까지는 그랬다.

그런데 지금은 상황이 많이 달라졌다. 사랑하는 연인 사이도 몸이 멀어져 있으면 마음이 식고 서로에게 소홀해진다. 비즈니스로 인연을 맺은 인프라는 더욱 리스크가 크다. 당장에 서로에게 이익 관계가 없다면 관계쉽은 멀어질 수밖에 없다.

나는 한때 부동산 공부를 했었다. 마케팅을 전담했고 브리퍼는 따로 있다. 마케팅을 하려면 그 사업의 전반을 이해하고 알아야 한다. 오더를 주면 시키면 시키는 것만 하는 방식은 선호하지 않는다. 그렇게 서로 파트너십을 맺고 세일즈 활동을 했었지만 서로의 추구하는 방향이 달랐다.

한 사람은 부동산에만 올인했고 나는 마케팅으로 나의 재능을 살려서 교육 사업을 이어나갔다. 어느 순간부터 연락이 뜸해졌고 현재는 소식이 거의 끊어진 상태다. 만약 서로의 이익 관계가 또 발생한다면 컨디션이 회복될 수 있다. 이것은 오직 비즈니스라서 가능하다. 지금 관계쉽 이야기를 강조 하는 데는 이유가 있다.

지금 우리가 살고 있는 시대는 코로나 19라는 전 세계적인 재난에 직면해 있다. 대면 미팅을 줄어들고 '사회적 거리두기'가 실시되며 인간 관계쉽이 끊어지는 사태가 발생하고 있다. 이런 상황 속에서 당신의 인적 인프라가 얼마나 오래 유지될 것 같은가.

코로나 19로 세상이 변했다. 물론 이제 상황이 개선되어 가고 있기는 하다. 하지만 지금 벌써 이 세상의 트렌드가 변화를 맞이했다. 아이들은 학교 또는 학원 수업을 e러닝 시스템으로 따라가고 있다. 기업에서 업무 관련 회의를 zoom이라는 프로그램을 활용해서 진행하고 있다. 사람들은 무언가 구매를 할 때 마트나 매장 또는 샵으로 방문하기보다 앱을 통해 구매한다.

모든 생활의 주요 동선이 온라인화되었다. 우리의 인식 속에 늘 깔려 있던 온라인세상이 코로나 19로 인하여 가속화되었다. 그런데 그 변화의 판도가 예상보다 너무 빠르다.

2009년 12월에 개봉한 '아바타'라는 영화가 있다. 전세계 박스 오피스 1위를 기록했던 SF영화다. 당시 가상 현실 속의 아바타라는 존재는 센세이션했다. 그런데 2020년 이후 코로나 시대를 틈타 '메타버스'라는 개념이 대중화되기 시작했다. 메타버스는 아바타(avatar)를 통해 사회, 경제, 교육, 문화 활동이 가능한 3차원 공간 플랫폼이다. 현실 세계를 그대로 구현해 놓았다는 점이 주목해야 할 포인트다. 이제 영화가 아닌 현실 속의 삶이 가상현실로 구현될 수 있다는 이야기다.

지금부터 온라인 세상은 우리의 삶과 대체 가능하며, 당신이 사업가라면 온라인 마케팅은 필수라는 뜻이다. 대기업이든 1인 기업이든 마찬가지다. 온라인 마케팅은 필수가 되었다. 어떤 채널을 이용하든 그건 당신의 자유다. 다만 블로그 마케팅은 절대 놓치지 말자. 크게 3가지 이유로 블로그 마케팅의 니즈를 강조한다. '손쉬운 상위 랭크, 부동의 순위, 그로 인한 빠른 브랜딩'이다. 이 책을 정독했다면 당신은 알고리즘의 일부를 확인했을 것이다. 그 정도만으로도 사실 블로그 상위 노출은 가능하다. 상위 랭크의 개념이 그렇게 어려운 것은 아니다. 마지막으로 말한다. 블로그는 알면 쉽고 모르면 평생 어렵다.

통합　이미지　지식iN　VIEW　인플루언서　동영상　쇼핑　뉴스　어학사전　지도 ⋯

VIEW　　　　　　•전체　•블로그　•카페　▬　⬚　▷

⋮

중등인터넷강의 자기주도학습 길러준 온라인과외

현재 저희 아이는 중등인터넷강의 통해서 학습을 온라인과외를 하는 중이고 오늘은 그에 대한 경험을 후기로…
처음에는 온라인 강의에 대한 의심이 많았지만 이렇게 온라인과외를 통해서 변화되는 모습을 보니 좋고…

⋮

코딩강의 온라인으로 통해 배워 취업도 한번에 했어요

그리고 온라인 강의이고 기간제한이 없다보니깐 집에서 아이 학교 보내고 들으면서 공부하다보니깐 금방… 코
딩강의 온라인과정 취업준비 지원받으려가기 >>> 실제 수강생의 후기이며 대가로 원고료를 지급받습니다

⋮

공인회계사 시험자격 온라인 강의로 과목 이수했어요
국가평생교육진흥원의 온라인 강의로 조건을 충족할 수 있으니 집중해 보세요 그럼
시작해 보겠습니다 안녕하세요 저는 학습 선생님의 부탁을 받고 제가 온라인 과목…

⋮

초등진단평가 준비하고 온라인강의로 보충해요
그래서 아이가 원한다면 온라인강의 해당 부분을 학년 상관없이 찾아서 볼 수 있답
니다. 무려 대치동 몇 강의까지도요 ㅎㅎ 추가로 북클럽도 시작되어서 하루에 독…

　

블로그의 포스팅이 통합 검색 화면을 기준으로 view 1위~5위(7위, PC
기준)에 랭크 되는 것을 상위 노출이라고 칭한다. 좀 더 넓은 의미로는 1
위~10위에는 무조건 진입해야 한다. 여기서 더 큰 매력은 블로그의 지수

가 좋을수록 그 순위에 변동이 거의 없다는 것이다. 혹 광고업체가 블로그 인플루언서 풀을 활용해서 동일한 키워드를 양적 바이럴 할 수 있다. 하루에만 수십 개의 원고가 발행된다. 이런 컨디션이라면 이야기는 달라지겠다. 그러나 1위를 했던 블로그가 하루아침에 100위로 떨어진다거나 하는 일은 발행하지 않는다. 즉 일반적인 경우에는 순위 변동이 거의 없다.

상식과 이치에 맞게 생각해보자. 당신이 살고 있는 집 근처에 치킨집이 있다. 당신은 치킨을 별로 좋아하지 않아서 먹어본 적이 없다. 그런데 어느 날 손님이 집에 초대되있고 치맥을 주문해야 한다. 마침 당신이 매일같이 출퇴근 길이 보았던 치킨집이 그때까지 장사를 하고 있다. 그렇다면 당신은 기억을 해내고 반드시 주문하게 될 것이다. 블로그도 동일한 이치다. 언제 검색해봐도 눈에 띄고, 늘 비슷한 위치에 있으며 스토리마저 좋다. 이것은 브랜딩의 지름길이라고 할 수 있다. 당신이 치맥을 주문했던 것처럼 말이다.

물론 광고 대행사에 언제까지나 의존할 수는 없다. 자립하시라는 의미에서 나는 1인 기업을 위해 교육을 하는 것이다. 광고 대행사보다 더 나은 실력을 갖출 수 있는 경영자이자 마케터로 거듭나는 것이다. 그리고 확실한 결과물을 약속할 수 있는 길을 제시한다.

그럼에도 불구하고 블로그 마케팅

포스팅을 1개만 발행하고 블로그 운영을 중단하는 사람은 없다. 꾸준히 다양한 키워드를 선점하기 위하여 여러 개의 관련 키워드를 포스팅하게 될 것이다. 당신에게는 희망이라는 단어가 있으니 말이다. 보통의 유튜브나 책으로 공부한 대상이라면 딱 여기까지 시도하다가 포기하거나 홀딩 된다. 상위 랭크가 어렵기 때문이다. 그러나 아카데미 강의에 참여하게 되면 다양한 포스팅들이 질적 양적으로 view에 떠오르게 된다. 소비자들이 당신의 다양한 포스팅들을 리뷰할 확률이 매우 높아진다. 그리고 진정성 있는 스토리텔링을 했다면 수익 전환의 가능성이 높아진다. 그럼 바램은 희망으로 바뀌고 결과는 매출로 연결된다.

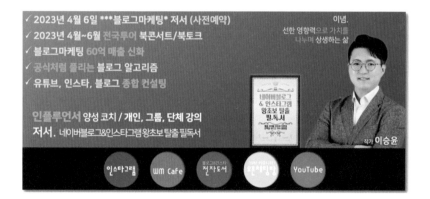

마지막 기분 좋은 팁을 알려주겠다. 이렇게 상위 랭크된 블로그에 '위젯'이라는 기능을 설치할 수 있다. 앞의 이미지는 내 블로그 상단 화면이다. 이 기능을 활용해서 버튼을 만든다. 현재 유튜브, 인스타그램, 전자책 등을 연동시켜 놓았다. 이 기능은 간단한 코딩만 할 줄 알면 쉽게 설치할 수 있다. 참고로 오픈 소스이니 찾기는 어렵지 않다. 버튼을 클릭하면 다른 웹 페이지로 이동이 가능하다. 가령 나의 인스타그램 계정의 URL 주소값을 버튼에 연결시키는 것이다. 이 시스템을 '멀티 마케팅'이라고 칭한다. 이 기능의 강점은 그야말로 압도적이며 확실하다.

과거 유튜브만 운영했던 수강생 중 한 분이다. 당시 유튜브의 구독자가 100명 안팎이었다. 그런데 컨설팅을 통해 위젯을 연결시켰고 2개월 만에 600명으로 상승했다. 당신의 블로그로 유입된 방문자는 절대로 그냥 나가지 않는다. 당신의 스토리 콘텐츠가 마음에 들었고 팬심이 생긴다면 반드시 버튼을 클릭하게 된다. 브랜드에 대한 이해도를 높이고 확신을 얻기 위한 과정이 필요하기 때문이다. 그렇게 만들어진 신뢰는 쉽게 무너지지 않으며 수익화로 발전한다. 심리학의 기본 원리다. 블로그는 장기적인 마케팅이 아니다. 당신이 1인 기업이라면, 이 6가지 법칙을 절대로 순종하라. 그럼 결과는 약속된다.